진짜? 가짜? 가상현실과 증강현실

2판 1쇄 발행 2020년 9월 1일

글쓴이	김진욱
그린이	백선웅
펴낸이	이경민
펴낸곳	㈜동아엠앤비
출판등록	2014년 3월 28일(제25100-2014-000025호)
주소	(03737) 서울특별시 서대문구 충정로 35-17 인촌빌딩 1층
전화	(편집) 02-392-6901 (마케팅) 02-392-6900
팩스	02-392-6902
전자우편	damnb0401@naver.com
SNS	

ISBN 979-11-6363-236-8 74400

※ 책 가격은 뒤표지에 있습니다.
※ 잘못된 책은 구입한 곳에서 바꿔 드립니다.
※ 이 책에 실린 사진은 위키피디아, 게티이미지, 셔터스톡에서 제공받았습니다.

도서출판 뭉치는 ㈜동아엠앤비의 어린이 출판 브랜드로, 아이들의 지식을 단단하게 만들어주고, 아이들의 창의력과 사고력을 키워주어 우리 자녀들이 융합형 창의 사고뭉치로 성장할 수 있도록 좋은 책을 만들겠습니다.

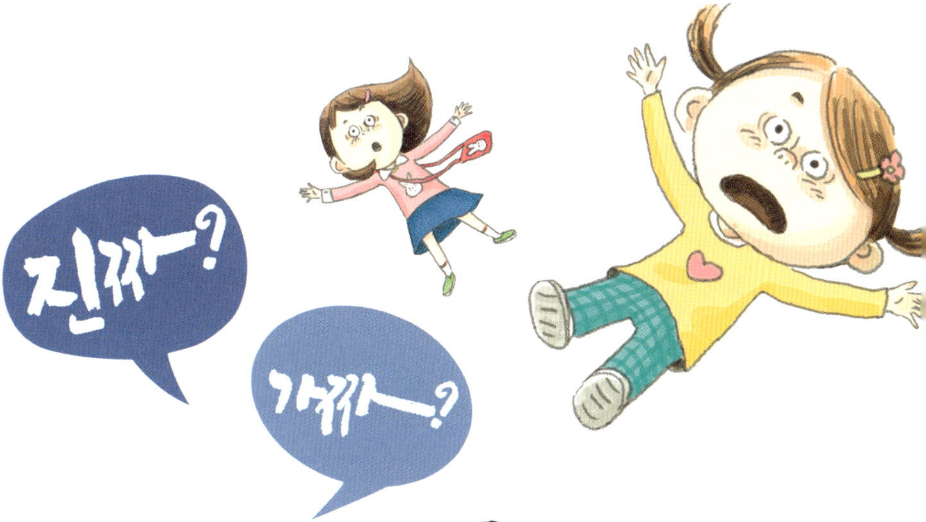

진짜? 가짜?

가상현실과 증강현실

글쓴이 **김진욱** 그린이 **백선웅**

| 펴내는 글 |

포켓몬 고 같은 증강현실 게임을 안전하게 즐길 수는 없을까?
가상현실 기기의 무분별한 사용에 따른 부작용을 방지하기 위한 방법은?

　선생님의 질문에 교실은 한순간 조용해집니다. 인내심이 한계에 다다른 선생님께서 콕 집어 누군가의 이름을 부르는 순간 나는 걸리지 않았다는 안도감에 금세 평온을 되찾지요. 많은 사람 앞에서 어떻게 말을 해야 하나 고민해 보지 않은 사람은 없을 겁니다. 사람들 앞에서 자신의 생각을 조리 있게 전달하는 기술은 국어 시간에만 필요한 것이 아닙니다. 상급 학교 면접 자리 또는 성인이 된 후 회의에서도 자신의 의견을 분명히 표현하는 것이 중요합니다. 하지만 어디서부터 시작해야 할지 몰라 입을 떼는 일이 쉽지 않습니다. 얼떨결에 한 마디 말을 하게 되더라도 뭔가 부족한 설명에 아쉬움이 들 때도 많습니다.

　논리적 사고 과정과 순발력까지 필요로 하는 토론장에서 자신만의 목소리를 내려면 풍부한 배경지식은 기본입니다. 게다가 고학년으로 올라가서 배우는 수업과 진학 시험에서의 논술은 교과서 이상의 것을 요구합니다. 또한 상대의 의견을 받아들이거나 비판하기 위해서는 의견의 타당성을 검토하고 높은 수준의 가치 판단을 해야 하는 경우가 많은데, 자신의 입장을 분명히 하기 위해서는 풍부한 자료와 논거가 필요합니다.

　「초등 융합 사회과학 토론왕」 시리즈는 사회에서 일어나는 다양한 사건과 시사

상식 그리고 해마다 반복되는 화젯거리 등을 초등학교 수준에서 학습하고 자신의 말로 표현할 수 있도록 기획되었습니다. 체계적이고 널리 인정받은 여러 콘텐츠를 수집해 정리하였고, 전문 작가들이 학생들의 발달 상황에 맞게 스토리를 구성하였습니다. 개별적으로 만들어진 교과서에서는 접할 수 없는 구성으로 주제와 내용을 엮어 어린이 독자들이 과학적 사고뿐만 아니라 문제 해결력, 창의적 발상을 두루 경험할 수 있도록 하였습니다. 또한 폭넓은 정보를 서로 연결지어 설명함으로써 교과별로 조각나 있는 지식을 엮어 배경지식을 보다 탄탄하게 만들어 줍니다. 이러한 통합 교과형 구성은 국어를 기본으로 과학에서부터 역사, 지리, 사회, 예술에 이르기까지 상식과 사회에 대한 감각을 익히고 세상을 올바르게 바라보는 눈을 갖는 데 큰 도움이 될 것입니다.

　『가상현실과 증강현실』의 주인공 나연이와 나운이는 포켓몬 고 게임을 하다 흰토끼를 발견하고 호기심에 뒤쫓아 갑니다. 그러다 그만 토끼 굴 안으로 미끄러져 앨리스가 사는 이상한 나라에 도착하지요. 그런데 놀라운 사실은 그곳이 현실세계가 아닌 가상현실이라는 거예요. 나연이와 나운이는 앨리스와 함께 가상현실 테마파크를 운영하는 모자 장수를 찾아가 다양한 가상현실·증강현실을 체험합니다. 또한 가상현실 기술의 발달에 따른 부작용과 이를 규제하기 위한 방법, 포켓몬 고 같은 증강현실 게임을 안전하게 즐기기 위한 방법, 가상현실을 활용해 편리하고 행복한 삶을 누리기 위한 방법 등을 고민하게 됩니다. 이 책을 통해 독자 여러분이 가상현실·증강현실에 대한 다양한 정보와 특성을 이해하고, 그 과정에서 나타나는 여러 가지 사회 현상을 파악해 올바른 가치관을 갖게 된다면 더없이 소중한 시간이 될 것입니다.

편집부

차례

펴내는 글 • 4
흰토끼를 따라 환상의 세계로! • 8

1장_ 지금 보고 있는 것이 현실이 아니라고? • 11
• 이상한 나라의 앨리스를 만나다 • 증강현실은 뭐가 다른 거지?
• 가상현실을 왜 알아야 하지?

토론왕 되기!
포켓몬 고 같은 증강현실 게임을 안전하게 즐길 수 없을까?

2장_ 가상현실로 돈을 번다고? • 43
• 모자 장수의 가상현실 테마파크 • 게임 속으로 들어가다!
• 가상현실로 떠나는 세계 여행

토론왕 되기!
가상현실 산업 발전에 따른 문제를 해결하기 위해서는 어떻게 해야 할까?

3장_ 가상현실도 규제가 필요하다고? • 75
• 하트 여왕의 등장 • 모자 장수의 잘못만은 아니야

토론왕 되기!
가상현실 관련 콘텐츠, 규제해야 할까, 완화해야 할까?

4장_ 내가 사는 곳은 현실일까? 가상현실일까? • 101
• 다과회에 초대되다 • 인간다운, 더욱 인간다운
• 다시 현실세계로

토론왕 되기!
급속도로 성장하는 가상현실, 어떻게 활용해야 할까?

가상현실과 증강현실 관련 사이트 • 129
어려운 용어를 파헤치자! • 130
신나는 토론을 위한 맞춤 가이드 • 132

흰토끼를 따라
환상의 세계로!

지금 보고 있는 것이
현실이 아니라고?

이상한 나라의 앨리스를 만나다

으아아아!

토끼 굴 안으로 미끄러진 나연이와 나운이는 비명을 지르며 떨어졌어요. 마치 끝없는 우물 속으로 떨어지는 것 같았어요.

바닥도 모르고 계속 떨어지다 보니 오히려 여유가 생겼어요. 나운이는 조금 앞서 떨어지고 있는 언니를 보며 물었어요.

"언니, 우리 언제까지 떨어지는 거야?"

"모르겠어. 그런데 우리 꼭 날고 있는 것 같지 않니?"

나연이가 두 팔을 벌려 퍼덕거리며 말했어요.

"이러다가 우리 지구 반대편으로 뚫고 나가는 것 아니야?"

걱정스런 동생의 말에 나연이 반색했어요.

"와우~ 그럼 외국으로 가는 거네. 이렇게 해외여행 한번 하는 것도 나쁘지 않지!"

"근데 뚫고 나갔더니 바닷속이면 어떻게 되는 거지?"

"뭐? 난 수영도 못 하는데……. 그건 좀 걱정이네!"

순간, 갑자기 풀썩! 소리가 나며 나연이가 나뭇가지 위로 내려앉았어요. 뒤이어 나운이도 언니의 품 안으로 안기듯 떨어졌어요. 자매는 멀쩡한 몸으로 벌떡 일어섰어요.

"여기가 어디지?"

나연이가 중얼거리며 주위를 둘러보았어요. 저 앞쪽으론 기다란 길이 펼쳐져 있었어요. 그 길 위로 흰토끼가 바쁘게 뛰어가는 게 보였어요.

"늦었다! 늦었어!"

흰토끼는 계속 같은 말을 중얼거리며 뛰고 있었어요.

"저 토끼를 잡아야 해!"

나연이가 토끼 뒤를 쫓아가며 외쳤어요.

나운이도 언니 뒤를 따라 달렸어요.

"지금 토끼가 문제야? 여기가 어딘지 알아야지!"

"토끼를 잡아야 여기가 어딘지 알게 되고, 그래야 우리가 돌아갈 수 있지!"

한참을 달리다 보니 난데없이 복도가 나타났어요. 복도 양옆으론 작은 문들이 나 있었어요. 흰토끼는 어디론가 사라지고 보이지 않았어요.

나연이는 복도 한가운데 그대로 멈췄어요. 뒤이어 달려온 나운이도 언니 몸에 그대로 부딪히며 멈췄어요. 평소 같으면 아프다고 동생에게 투

덜거렸겠지만, 나연이는 그저 복도만 쳐다보고 있었어요.

"언니, 왜 그래?"

나운이가 묻자 나연이는 고개를 갸우뚱하며 중얼거렸어요.

"이거 어디서 본 것 같아!"

"어디서?"

"이상한 나라의 앨리스!"

"앨리스? 그게 누군데?"

나연이는 답답하다는 듯 동생을 돌아보았어요.

"동화책이잖아! 그것도 몰라?"

"난 처음 듣는데……."

갓 초등학교 2학년이 된 나운이는 『이상한 나라의 앨리스』를 아직 읽지 못했어요.

"흰토끼가 나타나고 우린 끝도 없는 토끼 굴 안으로 떨어져서 이상한 나라로 들어가고, 이렇게 사방으로 문이 나 있는 복도가 나타나고……. 이건 분명 『이상한 나라의 앨리스』 첫 부분이야!"

바로 그때였어요.

"제대로 맞췄어!"

복도 저편에 있던 방문이 덜컥 열리며 한 소녀가 나타났어요. 주름이 잘 잡혀 있는 예쁜 원피스를 입고 있었어요.

소녀는 복도를 따라 자매 쪽으로 천천히 걸어왔어요. 파란 눈동자에 얼굴은 하얗다 못해 창백해 보이는 외국 아이였어요. 많아 봐야 초등학교 4학년인 나연이 또래로 보였어요.

"넌 누구야?"

나연이가 묻자 소녀는 방긋 웃더니 대답했어요.

"방금 네가 말했잖아? 난 앨리스야!"

"뭐? 앨리스? 네가 정말 이상한 나라의 그 앨리스라고?"

"그렇다니까!"

"네가 왜 여기 있어?"

나연이의 말에 앨리스는 깔깔거리며 웃더니 대답했어요.

"너희가 내가 있는 이상한 나라에 들어온 거잖아."

"뭐? 우리가?"

앨리스의 핵심노트

『이상한 나라의 앨리스』란?

『이상한 나라의 앨리스』는 영국의 수학자 루이스 캐럴이 쓴 작품이에요. 강둑에 앉아 있는 앨리스가 흰토끼를 따라 굴로 들어가 환상적인 모험을 하는 것으로 시작되지요. 이상한 나라로 간 앨리스는 몸이 커지기도 하고 목이 길게 늘어나기도 해요. 또한 걸핏하면 '목을 베라'고 말하는 여왕도 만나고, 가짜 거북이, 머리만 보이는 체셔 고양이, 돼지, 애벌레 등의 이상한 생물들과 카드 병사, 모자 장수를 만나 신기한 경험을 하지요.

등장인물들은 말이 안 되는 대화를 나누거나 이해하기 힘든 행동을 하기도 해요. 하지만 그 세계에서는 나름대로 논리가 있어요. 난해한 전개 방식에 어른들은 오히려 이해하기 힘들 수도 있지만, 많은 어린이들이 즐겁게 읽고 있어요. 새로운 세계에 들어가 벌이는 판타스틱한 모험이 바로 어린이들이 원하는 가상 속 세계이기 때문이에요. 『이상한 나라의 앨리스』를 원작으로 여러 편의 영화가 만들어지기도 했어요.

『이상한 나라의 앨리스』를 원작으로 한 영화(출처: 네이버 영화)

저자 루이스 캐럴이 직접 그린 『이상한 나라의 앨리스』 본문 중 일부

두 아이의 입이 딱 벌어졌어요. 나운이는 언니의 옆구리를 콕콕 찌르며 물었어요.

"『이상한 나라의 앨리스』 책 내용이 어떻게 되는 건데?"

나연이는 침을 꿀꺽 삼키며 말했어요.

"앨리스가 토끼를 따라가다 토끼 굴에 빠져서 이상한 나라로 들어가 몸이 커졌다 작아졌다 하며, 모자 장수와 기묘한 동물들과 만나고 카드 여왕의 재판에도 참여하는 등 이상한 나라의 이상한 사건들에 휘말리다가 깨어나 보니 꿈이더라 하는 이상한 이야기야!"

나연이의 간단한 설명이 끝나자 앨리스가 고개를 저었어요.

"근데 이상한 나라의 모험이 꿈이 아니었어!"

"그럼?"

"나중에 알고 보니 내가 겪은 모든 것이 가상현실에서 벌어진 일들이었어."

"가상현실? 그게 뭐야?"

나운이가 물었어요.

"바로 너희들이 현실을 떠나 바로 여기, 이상한 나라의 공간으로 넘어온 것이 가상현실이지!"

앨리스는 전혀 모를 말을 했어요.

"자세히 설명해 줘!"

"가상현실은 인공기술을 토대로 어떤 특정 환경이나 상황을 실제처럼 만들어서, 그것을 사용하는 사람이 마치 실제 주변 상황, 환경과 상호작용을 하고 있는 것처럼 느끼도록 만들어 놓은 가상의 공간이야."

"그럼 이 공간을 누군가가 만들어 놓은 거란 말이야?"

"그런 셈이지!"

앨리스가 대답했어요.

"대체 누가?"

"그걸 나도 지금까지 찾고 있어. 그래서 이곳에서 많은 생명체들을 만났지."

"생명체라니?"

나운이는 앨리스가 생명체라고 표현하는 게 뭔지 궁금했어요.

"풋! 너도 만나 보면 알 거야. 왜 생명체라고 표현했는지 말이야."

나연이는 냉철하게 상황을 판단했어요.

"그럼 우리가 여기서 나가려면 어떻게 해야 해?"

"먼저 가상현실에 대해 잘 알아보고, 이곳을 빠져나갈 수 있는 방법을 찾아야겠지."

나연이는 앨리스를 바라보며 부탁했어요.

"네가 우리보다 여길 잘 알 테니 함께 다녀줄 수 있겠어?"

"당연하지!"

앨리스는 흔쾌히 승낙했어요.

나연이는 이상한 나라에서 겪게 될 모험이 재미있을 것 같다는 생각이 들었어요. 동생 나운이는 좀 불안한 표정을 하고 있었지만 말이죠.

증강현실은 뭐가 다른 거지?

앨리스는 자매에게 따라오라고 말한 뒤 복도를 걸었어요. 나연이와 나운이는 앨리스 뒤를 졸졸 따라갔어요.

"앨리스를 만나다니……. 정말 꿈만 같아!"

나연이가 중얼거렸어요.

그 소리를 들은 앨리스는 뒤를 돌아보며 말했어요.

"꿈이 아니라 기술의 발달 덕분이라니까! 가상세계를 현실처럼 인식하는 가상현실 기술이 발달함에 따라 현실과 가상세계의 구분이 점차 사라지고 있거든. 그래서 멀리 떨어진 사람과 가상세계에서 만날 가능성도 점점 높아지고 있어. 소설이나 영화 속 주인공을 가상현실에서 만나는 것도 머지않아 일상적인 일이 될 수 있지!"

"정말?"

앨리스는 고개를 끄덕이며 말을 이었어요.

"사람들이 가상현실에서 만나게 된다면 어떤 장점이 있을까?"

난데없는 앨리스의 질문에 두 아이는 고개를 갸웃거렸어요.

"현실에서는 사람들이 만나려면 시간 약속을 정해 커피숍이라든지 학교라든지 특정한 공간에서 만나야 하잖아?"

"그건 당연하지!"

"그런데 가상현실에서는 현실과 달리 시간과 공간을 초월할 수 있어. 가상공간을 만들어 두면 그곳에서 다른 나라에 있는 사람과도 쉽게 만날 수 있어. 한마디로 시간과 공간의 제약이 없어지는 거지!"

그러자 나연이가 말했어요.

"지금 이 세계가 가상현실 속 가상공간이라서 앨리스 너를 만날 수 있었던 것처럼 말이지?"

"맞아! 가상현실이 아니라면 이렇게 같은 공간에서 너희와 함께 이런 모험을 할 수 없지."

앨리스의 말에 두 아이는 알 듯 모를 듯한 표정을 지었어요. 아직 궁금한 것이 많았지만, 가상현실에 대해 알아 가다 보면 자연스레 이해가 될 것이라 생각했어요.

그때 나운이의 머릿속에 문득 의문이 하나 떠올랐어요.

"근데 앨리스 언니, 가상현실은 가상으로 만들어진 공간에서 벌어지는 일이라고 했잖아?"

앨리스의 핵심노트

가상현실의 역사

가상현실(VR, Virtual Reality)이란 용어는 1989년 재론 래니어라는 미국 학자에 의해 처음 고안되었어요. 1930~40년대 미국 항공 관련 업체에서 개발한, 전기와 태엽을 이용한 비행 시뮬레이터가 가상현실의 시초로 알려지고 있지요. 1956년에는 모튼 하일리그가 3차원의 이미지와 음향 등을 이용해 신경을 자극하는 센소라마 시뮬레이터를 개발했어요. 이는 가상현실 주변 장치의 원형에 해당되는 장치였어요. 하지만 엄청난 크기 탓에 실험실에서만 사용됐을 뿐 소비자는 구경조차 하지 못했어요. 1950년대 중반에는 할

'가상현실의 아버지' 이반 서덜랜드

리우드 영화에 가상현실 개념이 도입됐어요. 에드윈 랜드가 3차원 이미지를 구현하는 컬러영화를 개발하여 커다란 스크린으로 볼 수 있게 된 거예요.

이후 '가상현실의 아버지'라 불리는 이반 서덜랜드가 가상현실을 체험할 수 있는 기기를 소형화하는 데 성공했어요. 그는 1965년 디스플레이에 관한 논문에서 사용자의 두 눈을 둘러싸는 방식인 헤드 마운트 디스플레이(HMD)의 초기 모델을 발표했어요. 이용자의 눈을 통해 입체 영상을 볼 수 있게 한 것이지요.

헤드 마운트 디스플레이(HMD)를 착용한 모습

미국 해군에서 이용하는 VR 낙하산 훈련기

"응, 그랬지."

"그런데 흰토끼가 우리에게 나타난 것은 현실세계에서 벌어진 일인데 그것도 가상현실이야?"

"그건 가상현실이 아니라 증강현실이었어."

"증강현실은 또 뭐야?"

가상현실도 제대로 이해하기 전에 또 다른 단어가 나오자 나운이의 머릿속은 더욱 복잡해졌어요.

"흰토끼가 나타났을 때 너희들은 무엇을 하고 있었지?"

"스마트폰 카메라로 서로 사진을 찍어 주고 있었는데?"

"그 카메라 피사체 안으로 흰토끼가 갑자기 나타난 거지?"

"그랬지!"

나연이와 나운이는 동시에 고개를 끄덕였어요.

"증강현실이 바로 그거야! 실제 현실세계에 가상 물체를 겹쳐 보여주는 것이거든. 즉, 카메라를 통해 얻은 실제 이미지에 가상의 그래픽이 합성된 이미지를 스마트폰 액정 같은 기기를 통해 보는 것을 말해."

"아! 포켓몬 고라는 게임이 그랬던 거 같은데."

나운이가 중얼거렸어요.

"포켓몬 고를 해 본 적 있어?"

"그럼, 친구들 사이에서 엄청 유행인데! 나한테 포켓몬 카드도 있어."

나운이는 주머니에서 포켓몬 카드를 꺼내 보였어요. 앨리스는 카드를 보더니 눈을 반짝였어요.

"그 포켓몬 카드 이곳에선 엄청 귀한 것이야!"

"팬시점에 가면 쉽게 살 수 있는 것인데?"

"여기서는 구하기 힘들어. 요긴하게 쓸 때가 분명 있을 테니 잘 보관하고 있어."

"알았어."

나운이는 포켓몬 카드를 다시 주머니에 넣었어요. 앨리스는 말을 이었어요.

"나운이 말대로 포켓몬 고는 증강현실을 이용하여 게임으로 만든 거야. 카메라 렌즈에 보이는 것은 실제로 존재하는 현실의 사물이나 배경이지만, 포켓몬의 몬스터

들은 그 현실 위에 그래픽으로 나타나는 것이니 말이야."

"뭔가 알 듯 말 듯 어렵다. 어려워!"

나운이는 머리를 쥐어뜯었어요. 하지만 나연이는 뭔가 알겠다는 듯 고개를 끄덕였어요.

"그러니까 가상현실은 이미 만들어 놓은 가상공간을 직접 체험하는 것처럼 느끼는 것이고, 증강현실은 카메라를 통해 얻은 현실 이미지에 그래픽이 같이 뜨는 것을 의미하는 거 같은데……. 맞아?"

나연이의 말에 앨리스가 고개를 끄덕였어요.

"맞아! 가상현실과 증강현실의 차이점 중 하나는 바로 카메라를 사용하느냐 사용하지 않느냐에 있기도 해. 가상현실은 프로그램으로 이미 만들어진 가상공간이지만, 증강현실은 카메라를 사용해야만 표현할 수 있거든."

"그럼 증강현실의 일부는 가상현실이 될 수도 있겠네?"

"맞아. 현실세계에 약간의 가상 정보를 덧붙이는 식이니 부분적 가상현실이라고도 할 수 있어. 나중엔 증강현실 부분이 무척 커져서 현실의 실제 부분보다 더 커지는 결과가 나올 수도 있어. 그렇게 되면 증강현실이 가상현실로 바뀌게 되는 셈이니 증강현실도 넓게 보면 가상현실이라고 볼 수 있을 거야."

"근데 왜 우리가 가상현실이니 증강현실이니 하는 것을 알아야 하는

앨리스의 핵심노트

증강현실이란?

증강현실이란, 눈앞에 보이는 현실세계의 영상에 컴퓨터에 의해 만들어진 가상 그래픽, 소리 및 기타 정보를 사용자의 자세나 위치에 따라 추가하여 함께 제공하는 기술을 의미해요. 현실세계를 가상세계로 보완해 주는 개념으로, 컴퓨터 그래픽으로 만들어진 가상정보를 사용하지만 현실세계가 중심이랍니다. 최근 많은 인기를 끌었던 포켓몬 고 게임을 살펴보면, 스마트폰에 탑재된 GPS(위치추적장치) 정보를 활용하여 사용자가 특정 장소에 도착했는지 판단하고, 근처에 도착하면 실제 장소의 영상이 보이는 스마트폰 화면에 그래픽 기술로 만들어진 포켓몬 캐릭터를 함께 보여주는 방식이에요. 이때 스마트폰 액정의 터치 인터페이스를 조작하여 캐릭터를 잡을 수 있죠. 위치 기반 서비스를 사용하여 그래픽 정보를 추가함으로써 매우 단순하게 증강현실의 개념을 적용한 스마트폰 게임으로 볼 수 있어요.

스마트폰 화면에 뜬 포켓몬 고 영상

건지 모르겠어."

나운이가 투덜거리자 앨리스는 복도 양 옆의 방문 중 하나를 열며 말했어요.

"가상현실을 제대로 이해해야 너희가 이 가상공간에서 나갈 수 있으니까!"

방 안에는 작은 병이 하나 놓여 있었어요. 병에는 정체를 알 수 없는

액체가 가득 담겨 있었어요. 병목 둘레에는 종이 꼬리표가 달려 있었는데, 꼬리표에는 '나를 마셔요'라고 적혀 있었어요.

손으로 병을 든 나연이가 중얼거렸어요.

"이 병에 든 것을 마시면 어떻게 되는지 알 것 같아!"

앨리스는 묘한 표정을 지었어요. 그때 나운이가 언니가 들고 있던 병을 빼앗았어요.

"목마른데 내가 먼저 마셔야겠어!"

나운이는 미처 말릴 틈도 없이 병에 입을 대고 벌컥벌컥 마셨어요. 평소에도 컵을 사용하지 않고 병째로 마시는 걸 좋아했거든요.

"안 돼!"

나연이가 동생을 말리려고 했지만 이미 늦었어요. 나운이는 병을 내려놓고 입맛을 쩝쩝 다시며 말했어요.

"기분이 뭔가 이상해!"

나운이는 언니와 앨리스를 바라보았어요. 그런데 그 두 사람이 점점 커지고 있었어요.

"나연이 언니! 왜 점점 커지고 있어?"

나운이는 소리쳤어요. 하지만 목소리가 개미처럼 작게 나갔어요. 나연이가 황당한 표정으로 대답했어요.

"우리가 커지는 게 아니라 네가 줄어들고 있는 거야."

"헉!"

나운이는 깜짝 놀랐어요. 그러고 보니 방문도 거대한 문으로 바뀌었어요. 계속 줄어든 나운이는 방금 마신 그 병과 키가 비슷해졌어요. 나운이는 울상이 되었어요.

"이 병에 담긴 것을 마시면 몸이 작아진다는 것을 책에서 봤는데……. 어떻게 해야 동생을 원래 크기로 되돌릴 수 있어?"

나연이가 다급하게 앨리스에게 물었어요.

"되돌릴 필요 없어. 어차피 우리도 작아져야 하니까 말이야."
"왜?"
나연이가 물었지만, 앨리스는 대답 없이 병을 내밀며 말했어요.
"작아지면 그 이유를 알 수 있어!"
나연이는 병을 받아들고 망설였어요. 그냥 마시자니 좀 꺼림칙했어요.
"두려워하지 마!"
앨리스의 말에 나연이는 눈을 질끈 감고 병을 입에 대고 마셨어요.
"어어!"
기분이 이상해지더니 나연이의 몸도 점점 줄어들었어요. 나운이는 언니도 자신만큼 줄어들자 안도의 한숨을 쉬었어요. 이어 앨리스도 병에 든 것을 마시고 줄어들었어요. 작아진 앨리스는 두 사람의 손을 잡더니 어디론가 이끌었어요.
"우리가 줄어든 이유는 바로 여길 지나야 하기 때문이지!"
앨리스가 가리키는 곳에는 작은 문이 하나 있었어요. 지금처럼 작아지지 않으면 절대로 통과하지 못할 작은 문이었지요.

가상현실을 왜 알아야 하지?

삐걱-

작은 문이 소리를 내며 열렸어요.

앞장선 앨리스를 따라 들어간 두 아이는 문 뒤에 펼쳐진 모습에 깜짝 놀랐어요. 환상적인 푸른 숲이 펼쳐져 있어 마치 판타지 영화에 나오는 한 장면 같았어요.

문 앞에는 작은 케이크가 몇 개 놓여 있었어요.

"자, 작은 문을 통과했으니 이제 다시 커져야겠다."

앨리스는 이번엔 케이크를 들어 자매에게 내밀었어요.

"이걸 먹으면 원래대로 돌아가는 거야?"

나운이가 물었어요. 앨리스는 고개를 끄덕였어요.

"아닌데! 책에선 케이크를 먹으면 반대로 거인처럼 커지던데!"

나연이가 불안한 목소리로 말했어요. 그러자 앨리스가 고개를 흔들었어요.

"가상현실에선 네가 어떤 행동을 하느냐에 따라 반응이 달라질 수 있어. 책에서 케이크를 먹고 거인처럼 커졌다고 이번에도 그럴 거라는 편견은 버려."

나운이는 나연이를 바라봤어요.

"이번엔 언니가 먼저 먹어 봐!"

나연이는 내키지 않았지만 어차피 이런 작은 몸으로 현실세계로 돌아갈 순 없다고 생각했어요. 엄마가 생쥐인 줄 알고 빗자루로 때릴지도 모르는 일이니까요.

눈을 딱 감고 케이크를 먹자 정말 이번에는 몸이 점점 늘어나기 시작했어요. 점점 커지더니 원래 크기에서 딱 멈췄어요. 나연이는 조금 아쉬운 생각이 들었어요.

'거인이 되면 안 되지만, 원래 키보다 조금 더 커졌다면 좋았을 텐데!'

그 생각을 하는 사이 나운이와 앨리스도 원래 크기로 돌아왔어요. 앨리스가 나연이에게 물었어요.

"어때, 몸이 작아졌다 다시 커진 기분이?"

"몸 여기저기에서 좀 이상한 느낌을 받았어."

그 말에 앨리스는 미소 지으며 말했어요.

"그럴 거야. 방금 너희들이 체험한 것이 바로 가상현실이 출발한 지점이야. 가상현실은 시각, 청각, 후각, 미각, 피부감각 등 오감을 자극하여 우리의 판단 체계를 확장하려는 시도에서 시작됐거든. 가상현실을 체험하며 사람의 감각을 더 확장시켜서 가고 싶은 곳에 가 보고, 그곳에서 나는 소리를 듣고, 그곳에 있는 물건을 만지는 감각에 대한 정보를 얻는 거지."

"그럼 내가 줄어들면서 원래 그대로인 언니를 보며 시각적인 감각을 느끼게 하려고 한 거라고?"

"그렇지. 그것도 가상현실에서만 느낄 수 있는 것이지. 현실에선 네가 그렇게 작게 줄어들 순 없으니 절대 느낄 수 없는 감각이지."

나연이와 나운이는 정말 신기했어요. 가상현실을 체험하는 것인데도 현실세계에서 체험하는 것과 똑같은 느낌이 들었거든요.

"책에서 본 이상한 나라에 와서 비슷한 체험을 하니 내가 마치 『이상한 나라의 앨리스』의 주인공이 된 것 같아!"

나연이가 말하자 앨리스가 웃으며 말했어요.

"맞아. 그동안 책을 읽을 때도, 영화를 볼 때도, 게임을 플레이할 때도,

그 속의 주인공은 네가 아니었지만, 가상현실에서는 지금처럼 네가 1인칭 주인공이 될 수 있어."

"그럼 우린 이상한 나라에서 같은 체험을 하고 있으니까 여기 앨리스가 세 명이나 있는 거네?"

나운이가 말하자 앨리스가 고개를 끄덕였어요.

"맞아. 하지만 엄밀히 말하면 앨리스가 세 명이 아니지. 이상한 나라의 나연이, 이상한 나라의 나운이가 되는 거야!"

그 말에 나운이는 폴짝폴짝 뛰었어요.

"와~ 내가 주인공이라니? 너무 신나는데!"

나연이도 앨리스를 바라보며 말했어요.

"가상현실은 무척 재미있는 것 같아!"

"실제처럼 느껴지게 하기 위해서 몇 가지 중요한 요소들만 보완한다면 앞으로 가상현실은 더욱 발전할 거야."

"보완해야 할 게 뭔데?"

"사용자가 느끼는 가상 이미지를 정확히 구현해 주고, 가상의 상대와 상호작용을 하게 해 줘서 몰입감을 높여 줄 필요가 있어. 그렇게 하려면 접속 기구와 도구 기술이 발전해야 해."

"접속 기구의 발전이라니?"

"현재 가상현실로 접속하는 대표적인 기기는 두 눈을 둘러싸는 헤드 마운트 디스플레이(HMD) 같은 기기에 불과하지만, 인공피부나 콘텍트렌즈 등 생체에 직접 부착을 하는 생체 부착형 기기가 나오고 있어. 기술이 더 발전하면 결국 뇌를 가상현실과 직접 연결하는 형태의 뇌 무선 접속이 가능해질 수도 있어."

"뇌가 무선으로 가상현실과 직접 접속하게 된다고? 중간에 어떤 기기도 통하지 않고? 그게 가능해?"

나연이는 깜짝 놀라서 물었어요.

"그럼. 벌써 실제로 연구 중인 연구소도 있어. 머지않은 미래에 가능하다고 예견하고 있다고 해."

"그럼 도구 기술의 발전은 뭐야?"

"사람들이 사는 공간은 3차원이야. 그러니까 가상현실도 3차원 세상이 되어야 현실과 똑같은 느낌을 받겠지? 그런데 지금까지의 컴퓨터 소프트웨어는 2차원의 평면적 공간 작업에 맞춰져 있었어. 앞으로는 3차원의 공간을 만들 수 있는 소프트웨어가 개발되어 가상현실을 보다 쉽게 창조할 수 있도록 발전할 필요가 있다는 거야."

"그렇구나!"

나연이는 고개를 끄덕였어요. 하지만 나운이는 풀숲으로 들어가더니 발라당 누워 버렸어요.

"난 무슨 말인지 잘 모르겠어!"

그러자 앨리스가 나운이를 잡아 일으켜 세웠어요.

"넌 아직 어리니 잘 모르는 게 당연해. 그럼 알기 쉽게 가상현실을 체험할 수 있는 곳으로 가 볼까?"

"이 안이 가상현실이라며?"

"그래, 너희처럼 책의 존재를 아는 사람들은 가상현실이라는 것을 알지만, 이 안에 있는 생물체는 이곳이 가상현실이라는 것을 몰라. 그래서 가상현실을 이용해 여러 가지 사업을 하고 있는 사람이 있단다. 바로 모자 장수지!"

"모자 장수?"

"그래. 그리고 보니 모자 장수라면 너희들이 실제 세계로 돌아갈 수 있는 방법을 알지도 모르겠다."

앨리스의 말이 끝나자마자 나운이는 쌩-하고 달려갔어요. 한참을 달리더니 앨리스와 나연이 쪽을 바라보며 손짓을 했어요.

"뭐 해? 빨리 모자 장수를 만나러 떠나야지!"

앨리스와 나연이는 서로 마주 보고 헛웃음을 지었어요. 그러고는 오솔길을 따라 걷기 시작했어요.

가상현실 기기의 역사

증강현실이란 눈앞에 보이는 현실 세계의 영상에 컴퓨터에 의해 만들어진 가상 그래픽, 소리 및 기타 정보를 사용자의 자세나 위치에 따라 추가하여 함께 제공하는 기술이에요. 컴퓨터 그래픽으로 만들어진 가상정보를 사용하지만 현실세계가 중심이죠.

이러한 증강현실이 우리 실생활에서 어떻게 활용되고 있는지 함께 살펴볼까요?
스마트폰에 깔린 증강현실 앱을 통해 길거리를 비추면 증강현실 앱이 목적지까지 가는 방향을 가상의 화살표 등으로 표시해 줘요. 방향뿐 아니라 주변에 있는 마트, 음식점 위치 등도 알 수 있지요. 전투기 조종석의 헤드 업 디스플레이(HUD, 운전자가 볼 수 있는 영역 내에 가상 화상을 투영하는 것) 역시 실생활에서 활용되고 있는 증강현실의 예랍니다.

최근 많은 인기를 끌었던 포켓몬 고 게임은 스마트폰에 탑재된 GPS(위치추적장치) 정보를 활용하여 사용자가 특정 장소에 도착했는지 판단하고, 근처에 도착하면 실제

전투기 조종석에 적용된 HUD 역시 증강현실 중 하나예요.

증강현실을 이용한 포켓몬 고 게임

장소의 영상이 보이는 스마트폰 화면에 그래픽 기술로 만들어진 포켓몬 캐릭터를 함께 보여주는 방식이에요. 이때 화면을 손가락으로 조작하여 캐릭터를 잡을 수 있어요. 위치 기반 서비스에 그래픽 정보를 추가한 것으로, 매우 단순하게 증강현실의 개념을 적용한 스마트폰 게임으로 볼 수 있지요.

 포켓몬 고 같은 증강현실 게임을 안전하게 즐길 수 없을까?

1995년 초등학생을 대상으로 출시된 게임 '포켓몬'은 이후 애니메이션과 캐릭터 상품 등으로 영역을 넓혀 갔어요. 포켓몬은 포켓몬스터(Pocket Monster)의 약칭으로 '주머니 속의 괴물'이란 뜻을 가지고 있어요. 포켓몬에 등장하는 각각의 생명체는 빠른 속도로 진화를 거듭하며 점점 강해져요. 그리고 다른 몬스터와의 대결에서 승리하면 레벨이 올라가는 구조예요.

처음 등장했을 때 전 세계적인 열풍을 일으킨 포켓몬은 20여 년이 지난 2016년, 다시 한 번 열풍을 불러일으켜요. 바로 증강현실 게임 포켓몬 고(pokemongo)가 출시된 거예요. 출시된 이후 TV 뉴스와 인터넷 실시간 검색을 며칠간 장악할 정도로 폭발적인 인기를 누렸어요.

포켓몬 고는 위치정보 시스템과 스마트폰 카메라를 이용해 현실 세계 곳곳에 나타나는 포켓몬을 포획하는 게임이에요. 사용자가 직접 특정 지점으로 이동하여 그곳에 출몰하는 몬스터를 수집하고, 포획한 포켓몬을 훈련 및 성장시켜서 다른 유저와 싸울 수도 있어요.

최근 열풍이 거세진 포켓몬 고 게임

평면적인 게임과 애니메이션에서만 보던 포켓몬을 게임 유저가 직접 포획하고

육성하는 시스템을 증강현실(AR) 게임인 포켓몬 고에 도입해 사용자가 마치 애니메이션의 주인공이 된 기분을 느낄 수 있어요. 집 안이나 PC방에서 하던 게임을 실외에서 즐길 수 있어 건강에도 도움이 되고, 친구들과 함께 포획하러 다니면서 사람들과의 교류가 더 활발해진다는 긍정적인 평가도 다수 있어요.

하지만 이를 악용해 배틀을 하자며 사용자를 유인해 강도짓을 한 무서운 사건이 발생하기도 했어요. 또한 사용자가 몬스터를 잡기 위해 병원이나 박물관, 장례식장 같은 공공장소에 무분별하게 진입하기도 하고, 강물이나 절벽 등에 나타난 포켓몬을 잡으려다 부주의로 목숨까지 잃는 사례도 발생하고 있어요. 일본에서는 운전하며 몬스터를 포획하는 사용자들로 인해 일주일 만에 30건이 넘는 교통사고가 발생했다고 해요. 그 외에도 개인정보가 무분별하게 유출될 우려도 높아요.

포켓몬 고의 열풍이 거세질수록 이처럼 많은 문제가 발생하고 있어요. 증강현실과 결합된 게임이 현실에서 부작용을 낳고 있는 거예요. 포켓몬 고 같은 증강현실 게임을 안전하게 즐길 수 있는 방법은 없을까요? 부모님 또는 친구들과 함께 생각해 보세요.

 다음 중에서 어떤 것이 가상현실이고 어떤 것이 증강현실인지 구분해 보세요.

정답 ❶ 증강현실 ❷ 가상현실 ❸ 증강현실 ❹ 가상현실

모자 장수의 가상현실 테마파크

오솔길을 걷다 보니 저 멀리 커다란 건물 하나가 보였어요. 건물에는 〈가상현실 테마파크〉라고 크게 간판이 달려 있었어요. 건물 앞 나무 밑엔 식탁이 차려져 있고 한 남자가 의자에 앉아 차를 마시고 있었어요.

"저 아저씨가 모자 장수구나."

나연이의 말에 앞서 가던 앨리스가 뒤돌아보았어요.

"그걸 어떻게 알았어?"

"그건 나도 단박에 알겠는걸!"

나운이가 끼어들어 모자 장수를 가리키며 말을 이었어요.

"모자 여러 개를 겹쳐 쓰고 있잖아! 도대체 몇 개를 쓰고 있는 거야?"

나운이 말대로 모자 장수는 여러 가지 모양의 다양한 모자를 쓰고 있었어요.

 야구 모자, 중절모, 밀짚모자, 베레모 등이 마치 커다란 탑처럼 모자 장수의 머리 위에 차례대로 포개져 있었어요. 앨리스가 피식 웃으며 말했어요.

 "가상현실 사업으로 돈을 많이 벌고 있다면서 모자 장사도 아직 그만두지 않았나 봐."

 모자 장수 앞에 도착한 앨리스는 꾸벅 인사를 했어요.

 "모자 장수 아저씨, 그동안 잘 지내셨어요?"

 모자 장수는 앨리스를 보자 뚱한 표정을 지었어요.

 "무슨 일로 왔냐?"

 별로 반기지 않는 눈치였어요. 앨리스가 나연이와 나운이에게 귓속말을 했어요.

 "손님이 아니면 불친절하셔."

 앨리스의 말을 듣기라도 한 듯 모자 장수는 심드렁하게 손을 저었어요.

 "식탁에 빈자리가 없으니 돌아들 가거라!"

 나운이는 고개를 갸우뚱했어요. 긴 식탁엔 6개의 의자가 놓여 있

었고, 모자 장수는 그중 한 의자에만 앉아 있었거든요.

"빈자리는 얼마든지 있잖아요?"

나운이의 말에 모자 장수가 슬쩍 쳐다보며 말했어요.

"여긴 손님들만 앉을 수 있는 곳이다!"

그러자 앨리스가 말했어요.

"이 친구들은 손님이거든요."

"뭐라고? 그럼 진작 말해야지!"

모자 장수는 반색하며 의자에서 벌떡 일어났어요. 그러자 머리 위의 모자들이 출렁거렸어요. 하지만 이상하게도 단 하나의 모자도 떨어지지 않았어요. 나운이가 고개를 갸웃거리며 보자 모자 장수가 씩 웃으며 말했어요.

"모자 장수만 수십 년 하다 보면 떨어뜨리지 않는 요령이 생기지!"

그러자 앨리스가 다시 귓속말로 말했어요.

"모자 장수는 자신이 가상현실에서 살고 있다는 사실을 몰라. 애초부터 모자가 떨어지지 않도록 정해져 있는 건데 말이야."

그 말을 들었는지 모자 장수가 소리를 버럭 질렀어요.

"여기는 현실이라니까! 가상현실은 내가 사업을 하고 있는 저 건물 안에서 펼쳐지고 있고 말이야!"

"알았어요."

앨리스는 고분고분 대답을 하고는 두 아이를 보며 한쪽 눈을 찡긋거렸어요.

모자 장수는 두 아이를 바라보며 물었어요.

"너희들이 경험해 보고 싶은 가상현실 분야는 어떤 거니?"

"어떤 것들이 있는데요?"

나운이가 묻자 모자 장수는 손가락을 하나씩 접으며 설명했어요.

"게임, 영화, 루브르 미술관 견학, 가 보고 싶은 나라, 생생한 전쟁터 현장 등을 가상현실로 다 체험해 볼 수 있단다."

"우와~ 종류가 엄청 많네요?"

앨리스의 핵심노트

가상현실을 다룬 영화 〈매트릭스〉

1999년에 개봉한 영화 〈매트릭스〉는 가상현실을 배경으로 펼쳐지는 SF액션 영화예요. 줄거리를 잠시 살펴보면, 서기 2199년, 인공지능에 의해 인간들은 진짜보다 더 진짜 같은 가상현실인 매트릭스에서 살고 있어요. 인간의 실제 육체는 작은 공간에 갇혀서 온갖 선으로 연결되어 가상공간과 접촉을 하며 무기력하게 지내고 있어요. 주인공 네오는 인류를 구할 마지막 영웅으로 지목되면서 인공지능의 지배에서 벗어나 진정한 현실을 찾기 위한 투쟁을 시작하게 됩니다.

영화 속 가상공간은 인공지능이 완벽하게 만들어 놓은 공간으로 묘사되고 있어요. 그 속에서 살아가는 인간이 보고 느끼는 모든 것은 인공지능의 통제로 관리되지요. 각 개인의 기억조차 인공지능에 의해 입력되기도 하고 삭제되기도 합니다. 인간들은 이러한 가상공간을 실제 삶으로 알고 살아가고 있지요. 영화 〈매트릭스〉는 계속 진화하는 가상현실이 바꾸어 놓을 수 있는 미래를 잘 묘사하여 가상현실에 대한 환상을 가지고 있는 사람들에게 경각심과 문제의식을 던지고 있습니다.

영화 〈매트릭스〉 포스터
(출처: 네이버 영화)

나운이가 감탄하며 말하자 모자 장수는 우쭐거리며 말했어요.

"앞으로 가상현실이 적용되는 분야는 점점 늘어날 거야! 내 콘텐츠도 점점 더 늘어나서 난 부자가 되겠지! 하하핫!"

모자 장수는 호쾌하게 웃었어요. 세 사람은 멍하니 그 모습을 바라보았어요.

한참을 웃던 모자 장수는 웃음을 싹 멈추더니 손바닥을 내밀었어요.

"자, 이제 돈을 내고 원하는 가상현실을 체험해 보렴!"

그 말에 나연이와 나운이는 당황했어요.

"돈이 없는데요."

"뭐라고?!"

순간 모자 장수의 모자들이 하늘로 일제히 떠올랐어요. 모자는 다시 내려와서 모자 장수의 머리에 차례대로 안착했어요.

"우와~ 멋지다!"

나운이는 그 모습에 다시 한 번 감탄했어요.

"돈도 없으면서 가상현실을 체험하겠다고? 절대 안 되지!"

모자 장수는 흥! 하며 뒤돌았어요.

나연이는 곤란한 얼굴로 앨리스를 바라보았어요.

"우린 진짜 돈이 없는데……."

앨리스는 나운이를 보며 말했어요.

"포켓몬 카드를 보여줘 봐!"

"뭐라고? 포켓몬 카드? 포켓몬 카드가 있다고?"

모자 장수가 큰 소리로 외치며 돌아섰어요.

"네!"

나운이는 고개를 끄덕이며 주머니에서 포켓몬 카드를 꺼냈어요. 카드를 본 모자 장수의 손이 부르르 떨렸어요. 덩달아 머리 위의 모자도 같이 떨리고 있었어요.

"이 귀한 카드를……."

모자 장수가 손을 내밀자, 앨리스가 앞을 딱 가로막았어요.

"가상현실 전체 패키지를 체험하는 데 포켓몬 카드 몇 장이면 돼요?"

모자 장수는 침을 꿀꺽 삼키며 말했어요.

"스무 장!"

앨리스가 안 된다는 듯 고개를 젓자 모자 장수는 눈치를 보며 다시 말했어요.

"열 장……."

그러자 앨리스는 옆으로 비키면서 나운이에게 말했어요.

"열 장 주면 될 것 같아!"

나운이는 고개를 끄덕인 뒤, 열 장을 세서 건네주었어요.

포켓몬 카드를 받은 모자 장수는 덜덜 떨리는 손으로 머리 위 모자를 하나 꺼내더니 그 안에 넣어 두었어요. 모자가 주머니 역할도 하는 것을 신기하게 바라보던 두 아이에게 모자 장수가 손짓을 했어요.

"따라들 와라!"

게임 속으로 들어가다!

나연이 일행은 모자 장수를 따라 테마파크가 위치한 건물 안으로 들어갔어요. 건물 안에는 빨간색과 노란색의 문이 있었어요. 모자 장수는 그중 빨간색 문을 열었어요. 그리고 그 앞에 있는 기기를 집어 들었어요.

"이게 필요할 거다."

"그게 뭐예요?"

"이건 헤드 마운트 디스플레이라고 머리에 착용해서 가상현실로 들어갈 수 있게 해 주는 기계지! 가상현실 중에서 가장 많이 부각되고 있는

앨리스의 핵심노트

헤드 마운트 디스플레이(HMD, Head Mounted Display)란?

헤드 마운트 디스플레이(HMD)는 Head Mounted Display의 약자로 안경처럼 머리에 쓰면 거대한 화면을 보는 듯한 효과를 내며 3D 영상을 즐길 수 있는 영상재생기기예요. 가상현실 체험을 위해 최근 개발된 헤드 마운트 디스플레이는 다양한 센서와 무선 기술이 결합하여 사용자가 왼쪽으로 움직이거나 오른쪽으로 움직이면 그대로 인식하여 화면에 바로 반영한답니다.

헤드 마운트 디스플레이를 착용한 모습

분야는 시각적 효과가 큰 게임과 영화야. 그중에서 게임을 먼저 해 보기로 하자. 둘 중 누가 해 볼래?"

"내가 먼저 해 볼게요!"

게임을 좋아하는 나운이가 앞으로 나섰어요. 나연이도 해 보고 싶었지만 게임을 좋아하는 동생을 위해 양보했어요. 나운이가 헤드 마운트 디스플레이를 착용하자 모자 장수는 작동 버튼을 눌렀어요.

"자, 그럼 모험의 세계로 다녀와라!"

순간 나운이가 서 있는 곳의 풍경이 완전히 바뀌었어요.

나운이의 눈앞에 광활한 들판이 나타났어요. 고개를 돌려 위를 바라보자 넓은 하늘이 보였고, 뒤쪽을 보니 엄청 큰 산이 보였어요. 강물에 자신의 모습을 비춰 보니 중세 기사 같은 멋진 갑옷을 입고 있었어요.

나운이가 앞으로 걸어가자 강이 나타났어요. 강에는 흔들거리는 다리가 하나 있었어요. 나운이는 조심조심 다리를 건너기 시작했어요. 다리는 낡고 부실해서 불안했어요. 다리 밑으로는 검은 강물이 흐르고 있었지요. 얼마나 수심이 깊을지 가늠조차 되지 않았어요. 그때 강물에서 괴상망측하게 생긴 몬스터들이 뛰어올랐어요.

"꺄악!"

바로 코앞까지 실감나게 뛰어오르는 바람에 나운이는 비명을 질렀어요. 가상현실이 아닌 실제 상황 같았어요. 허겁지겁 도망치던 나운이의 손에는 어느 틈에 커다란 돌이 들려 있었어요.

"아, 이 게임은 돌을 던져서 저 몬스터들을 맞추는 거구나!"

게임을 좋아하는 나운이는 금세 게임의 룰을 파악했어요. 그래서 더 이상 도망치지 않고 다리 위에 서서 돌을 던져 물속에서 뛰어오르는 몬스터를 하나씩 맞췄어요. 나운이가 던진 돌에 맞은 몬스터들은 펑펑 소리를 내며 연기처럼 사라졌어요.

"이거 재밌는걸!"

그 순간 나운이는 등골이 오싹한 기분이 들었어요. 고개를 돌려 뒤를 돌아보자, 하늘에서 날개 달린 몬스터들이 공격을 해 왔어요. 돌을 던졌지만 공중 몬스터들은 잽싸게 방향을 틀어 피했어요. 그러고는 날카로운

발톱으로 나운이를 공격했지요.

"으악!"

땅으로 뒹굴며 간신히 피한 나운이는 여기저기 두리번거렸어요.

"다리 위에서 계속 싸울 수는 없어. 숨을 곳을 찾아야 해!"

바로 그때였어요. 강물에서 뛰어오른 몬스터가 다리를 이어주는 밧줄을 끊어 버렸어요.

"으아악!"

끊어지는 다리와 함께 나운이의 몸도 함께 강물 속으로 떨어지기 시작했어요. 때마침 공중 몬스터가 나운이를 공격하려고 날아왔어요. 나운이는 공중 몬스터의 공격을 피한 뒤 훌쩍 점프를 해서 그 등 위에 올라탔어요. 몬스터는 얼떨결에 나운이를 태우고 날아올랐어요.

하늘을 날며 주위를 보자 갑자기 어지럼증이 생기면서 멀미가 나기 시작했어요. 나운이는 당장이라도 구토를 할 것 같았지만 간신히 참았어요.

그때 갑자기 모든 것이 사라지면서 눈앞이 어두워졌어요.

"여기까지다!"

모자 장수의 목소리였어요.

나운이가 헤드 마운트 디스플레이를 벗자 바로 눈앞에 모자 장수와 앨리스, 나연이가 서 있었어요.

나운이는 안타까운 표정을 지었어요.

"에이, 게임이 한창 재밌었는데."

모자 장수는 냉정하게 말했어요.

"오늘 경험할 것이 많으니 다음에 또 와서 해라!"

앨리스가 나운이에게 물었어요.

"가상현실 게임은 어땠어?"

그러자 나운이의 얼굴이 다시 흥분된 표정으로 변했어요.

"너무 생생했어. 게임을 하는 동안 실제로 겪는 것 같았어. 가상현실이라는 것을 알고는 있었지만, 몬스터들이 나를 공격할 때는 너무 실감 나서……. 아휴~"

나운이는 그 순간이 떠올랐는지 몸서리를 쳤어요.

모자 장수가 피식하고 웃더니 말했어요.

"현실에서 그런 일이 발생했으면 어땠을 것 같아?"

"네에? 현실에서 낡은 다리를 건너고 몬스터들의 공격을 받는다고요? 그럼 저는 지금쯤 이 세상 사람이 아닐지도 모르죠."

"아무래도 위험하겠지? 가상현실의 장점은 바로 쉽고 안전하다는 점이야. 게임 속에서 몬스터에게 물려도 현실에서는 아프지 않지. 현실에선 불가능한 경험을 할 수 있다는 것도 큰 장점이야. 네가 가상현실 게임 속에서 본 중세 시대의 숲과 몬스터들은 현실에선 경험할 수 없는 공간이거든."

모자 장수의 말을 듣고 있던 나연이도 빨리 체험을 해 보고 싶었어요.

"저도 가상현실을 체험해 보고 싶어요."

"그래. 너는 어떤 체험을 하고 싶니?"

"저는 영화를 좋아하니까 영화를 체험해 보고 싶어요. 가상현실로 체험하는 영화는 어떨지 궁금하거든요."

그러자 모자 장수는 풋! 하고 웃었어요.

"왜 웃으세요?"

나연이가 의아한 표정으로 묻자 모자 장수는 바로 대답했어요.

"가상현실 영화를 보는 네 모습이 떠올라서 그래."

"그게 무슨 말이에요?"

"흠, 기존 영화와 가상현실 영화의 다른 점이 뭔지 아니?"

"아니요. 가상현실 영화는 본 적이 없으니 잘 몰라요."

"기존 영화는 스크린이나 브라운관에 보이는 부분만 평면적으로 시청하는 방식이지. 하지만 가상현실 콘텐츠에서는 관객 시선의 움직임과 관객이 하는 행동에 따라 스토리가 변할 수 있단다."

모자 장수의 말에 나연이는 고개를 갸웃거렸어요.

"무슨 말인지 잘 모르겠어요."

"직접 경험해 보면 무슨 말인지 잘 알게 될 거야."

모자 장수는 이번엔 노란색 문을 열었어요.

"이 방에서 가상현실 영화를 보게 될 거야."

모자 장수는 나연이의 머리에 헤드 마운트 디스플레이를 씌워 주었어요. 그러고는 나연이 귓가에 나지막이 속삭였어요.

"네가 볼 영화는 바로 공포 영화야! 푸하핫!"

"네?!"

놀랄 틈도 없이 나연이의 눈앞에 낡은 집이 나타났어요. 가상현실 영화가 시작된 거예요. 나연이는 마른침만 삼키고 가만히 보고 있었어요.

저 멀리 삐그덕 삐그덕 소리가 났어요. 그쪽으로 시선을 돌리자 소복 입은 여자가 자전거를 타고 오고 있었어요. 주변은 어두웠지만 소복이 빛에 반사된 듯 환히 빛나고 있었어요. 여자가 입체적으로 보이는 게 아직까지는 '아바타' 같은 3D 영화를 보는 것 같았어요.

'저 여자에게 무슨 일이 벌어지나 보다.'

나연이는 집중해서 영화를 보았어요.

자전거를 타고 가던 여자는 점점 나연이 쪽으로 다가왔어요. 가까이

다가올수록 왠지 이상한 기분이 들었어요. 그때 나연이는 뭔가를 발견하고 외마디 비명을 질렀어요.

"헉!"

페달을 밟는 발이 보이지 않았거든요. 소복 입은 여자는 페달을 밟지 않고 자전거를 타고 있었던 거예요.

그때 등 뒤에서 한기가 밀려왔어요. 나연이는 등골이 오싹해지는 것을 느끼며 고개를 천천히 돌려 뒤를 보았어요. 그랬더니 어느새 소복 입은 여자가 바로 뒤에서 나연이를 노려보고 있지 않겠어요?

"으아악!"

나연이는 깜짝 놀라 비명을 질렀어요.

"이게 어떻게 된 거야?"

5분도 채 지나지 않았는데 더 이상 가상현실 영화를 볼 자신이 사라졌어요. 나연이는 헤드 마운트 디스플레이를 벗어 던졌어요. 그러자 모자 장수가 배꼽을 잡고 웃고 있었어요.

"내가 가상현실 영화를 체험하는 네 모습을 상상하고 웃은 이유를 알겠지? 하하핫!"

나연이는 자존심이 상했지만 할 말이 없었어요.

"언니, 뭐 이상한 걸 본 거야?"

나운이가 물었어요. 앨리스도 걱정스런 눈으로 바라봤어요.

"귀신이 바로 내 뒤에 와 있었어! 으~ 무서워!"

나연이가 몸서리를 치자, 모자 장수가 웃음을 멈추고 말했어요.

"너희가 기존에 영화를 볼 땐 시선이 화면에만 고정되어 있었지?"

"네!"

"관객들의 시선은 항상 앞쪽만 향해 있었고 말이야. 오른쪽, 왼쪽, 뒤쪽에 영화와 관련된 무엇이 있을 거라는 생각은 전혀 하지 않았겠지. 실제로도 없었고 말이야."

"그렇죠."

나운이가 다시 고개를 끄덕였어요.

"그런데 가상현실 영화에서는 나연이가 체험한 것처럼 뒤를 돌아봤을 때 귀신이나 범인이 나연이를 노려보는 효과도 가능하단다. 전쟁 영화에선 폭탄이 바로 옆에서 터지는 것처럼 느낄 수도 있고 말이지."

나운이의 눈이 동그래졌어요.

"언니, 정말 그랬어?"

"응. 소복 귀신이 바로 뒤에서 나를 노려보고 있는 것 같았어."

나연이는 몸을 부르르 떨며 대답했어요. 앨리스가 시계를 보더니 모자 장수에게 말했어요.

"시간이 없으니 다른 가상현실도 빨리 보여주세요."

"그래. 시간은 언제나 중요하지. 자, 그럼 세계 여행을 떠나 보자!"

"세계 여행이요?"

나연이가 묻자 모자 장수는 고개를 끄덕이면서 앞장섰어요.

가상현실로 떠나는 세계 여행

나연이 일행은 모자 장수를 따라 빨간 방, 노란 방이 있는 건물을 나가 다른 건물로 이동했어요.

모자 장수는 이번엔 별다른 설명 없이 그 건물 안에 있는 나무로 된 문을 열었어요. 그러고는 앞쪽에 보관되어 있는 헤드 마운트 디스플레이를 하나씩 나눠 주었어요. 앨리스도 얼떨결에 받아 들었어요.

"전 요금 안 냈는데요?"

"세계 여행은 모두 같이 하는 게 재미있지!"

단순하게 대답한 모자 장수는 세 사람을 둘러보며 물었어요.

"여행을 왜 간다고 생각하니?"

"그냥 놀러가는 거죠!"

나운이는 별 생각 없이 대답했어요.

"새로운 경험을 위해서요."

나연이가 대답했어요.

모자 장수는 나연이에게 다시 물었어요.

"그 경험이라는 게 뭐야?"

"여행지 풍경이나 그곳만의 분위기, 그리고 주위 사람들의 반응 등을 통해서 얻을 수 있는 것 아닌가요?"

"그래. 여행을 간 도시나 휴양지가 가진 독특한 분위기를 느끼는 게 여행의 중요한 목적이지. 그런데 가상현실을 통해서도 실제로 여행을 간 것과 유사한 경험을 할 수 있단다."

"네?"

아이들이 놀라자 모자 장수는 씩 웃더니 헤드 마운트 디스플레이를 쓰라고 손짓했어요. 모두 착용하자 작동을 시작했지요. 모자 장수는 양손에 리모컨처럼 생긴 컨트롤러를 쥐고 있었어요.

"자, 이제 세계 여행을 떠나 보자!"

어둡던 눈앞이 갑자기 환해졌어요. 동시에 푸른 하늘이 보였어요.

"우와아~"

나운이의 입에서 감탄사가 흘러나왔어요. 푸른 하늘을 함께 날고 있는 듯한 느낌을 받았거든요. 나연이와 나운이, 앨리스는 모자 장수가 조종하는 컨트롤러의 움직임에 따라 하늘을 이리저리 날아다녔어요.

맨 처음 도착한 곳은 파리였어요. 파리의 명소 에펠탑을 보고, 이어 개선문에서 잠시 머물며 건물 안도 구경했어요.

파리를 떠나 이번엔 뉴욕으로 향했어요. 유명한 엠파이어스테이트 빌딩 전망대에 도착해서 마치 관광객처럼 뉴욕의 전망을 내려다볼 수 있었어요.

이어 아프리카의 푸른 초원으로 날아갔어요. 물소 떼가 초원을 달리는 모습을 멀리서 관찰했지요.

그 뒤로도 한참을 피라미드를 비롯한 세계의 유명 관광지 곳곳을 여행했어요. 태양이 뜨고 노을이 지는 것도 구경했어요.

마침내 세계 여행이 끝났어요. 황홀한 얼굴로 헤드

마운트 디스플레이를 벗은 세 사람은 서로를 바라봤어요. 먼저 입을 연 것은 나연이었어요.

"방금 본 곳을 모두 여행하려면 시간과 돈이 얼마나 드는 거야?"

"엄청 비싸지. 아마 너희 부모님이 파산할 수도 있을걸! 하지만 너희는 포켓몬 카드 몇 장으로 다녀온 셈이지."

앨리스가 모자 장수에게 말했어요.

"지난번에는 단순히 보이는 풍경만 볼 수 있었는데 이번에는 건물 안에도 들어가서 구경할 수 있게 되었네요."

그러자 모자 장수가 우쭐거리며 말했어요.

"그럼! 요즘 가상현실의 발전

속도는 무척 빠르단다. 진짜 해외여행을 와서 모든 것을 관람하는 듯한 느낌이 들도록 기술이 빠르게 발전하고 있지. 그뿐만이 아냐. 프랑스의 루브르 박물관과 영국의 대영 박물관에서는 온라인 가상현실 공간에 작품이나 문화재를 전시하려고 하고 있어. 그럼 관람객들은 직접 프랑스나 영국에 가지 않아도 각종 예술작품을 집 안 가상현실 속에서 편하게 관람할 수 있게 되는 거야!"

"게임, 영화, 여행에 박물관까지……. 가상현실의 세계는 정말 무궁무진하네요."

나연이가 혀를 내두르며 말했어요.

"그렇지. 가상현실을 체험할 수 있는 기기도 머리에만 쓰는 시각적인 것뿐만 아니라, 동작과 운동까지 그대로 느낄 수 있는 반응기기도 현재 개발이 빠르게 진행 중이야. 그럼 하늘을 날 때 느끼는 바람까지 온몸으로 직접 느낄 수 있게 되는 거지."

"와우~ 그럼 정말 더 실감나겠네요?"

"그렇지!"

그때 밖에서 외마디 비명소리가 들렸어요. 나연이 일행은 깜짝 놀랐어요.

"무슨 소리죠?"

앨리스의 물음에 모자 장수는 태연하게 대답했어요.

"아무것도 아니야. 지금 다른 방에서 군인들이 훈련을 받고 있거든."

앨리스의 핵심노트

내가 직접 가상현실 콘텐츠를 만들 수 있다고?

아직은 가상현실이 낯설게 느껴지지요? 하지만 전문가들은 가상현실이 조만간 우리 삶에 가장 흔한 기술이 될 거라고 예측하고 있어요. 개인 컴퓨터가 처음 등장했을 때만 해도 지금처럼 대중화될 것이란 상상은 하지 못했다고 해요. 지금은 카메라와 컴퓨터를 이용해 수많은 사람들이 콘텐츠를 직접 제작하여 유튜브 등을 통해 유통하고 있어요. 가상현실 콘텐츠도 비슷한 길을 걸어갈 것으로 예상하고 있지요. 그렇다면 우리가 가상현실 콘텐츠도 직접 제작할 수 있을까요?

구글은 가상현실 콘텐츠를 제작할 수 있는 플랫폼을 공개했어요. 360도 카메라를 이용해 촬영한 뒤, 구글의 플랫폼을 이용하면 가상현실 영상을 만들 수가 있어요. 또한 유튜브나 페이스북도 360도 동영상을 올릴 수 있도록 지원해 주고 있어요. 삼성이나 LG 등 여러 관련 기업에서도 360도 카메라를 속속 출시하고 있어, 촬영 후 지원 가능한 플랫폼(다수의 사용자들이 참여해 특정 가치를 교환할 수 있도록 구축된 환경)을 이용하면 개인이 직접 가상현실 콘텐츠를 만들어 공개하는 것도 보다 쉬워질 것으로 예상되고 있어요.

360도 카메라로 촬영한 사진

"네? 훈련이요?"

"응. 가상현실로 절벽을 오르는 훈련을 하거나, 비행 훈련을 할 수도 있어. 우주 비행사가 우주에 적응하는 것도 가상현실을 이용하여 똑같이 재현해서 훈련을 할 수 있지."

"와, 정말 쓰임새가 다양하네요."

"그뿐만이 아니라 무대공포증이나 고소공포증을 극복할 수 있는 가상현실 콘텐츠도 있단다."

"네? 가상현실로 치료도 한다고요? 어떻게요?"

"예를 들면 고소공포증이 있는 사람의 경우 가상현실 속에 실제와 비슷한 상황을 만들어 두고 반복해서 훈련시키는 거야. 같은 상황을 반복해서 체험하게 했더니 공포증이 많이 줄었다고 해. 현실에서는 경험할 수 없는 상황을 가상현실에서 안전하게 경험할 수 있는 거니까 가능한 일이지."

"와, 그럼 나의 시험공포증도 없앨 수 있겠네요?"

나운이가 기대에 찬 눈으로 물었어요. 그러자 모자 장수가 피식 웃더니 대답했어요.

"그건 반복해서 공부를 하다 보면 저절로 치료가 될걸!"

"피이……."

나운이가 실망한 목소리로 탄식했어요.

바로 그때였어요. 우르르 몰려오는 사람들의 발소리가 크게 진동했어요.

"손님들이 몰려오나 보다!"

모자 장수가 반색했어요.

곧이어 문이 열리더니 창과 칼을 든 병사들이 나타났어요. 몸통에 스페이스, 하트, 다이아몬드 등등이 그려져 있는 카드 병사들이었어요. 얼추 보아도 수십 명 이상 되는 많은 숫자였지요.

"책에서 본 그 카드 병사들이야!"

나연이가 상기된 얼굴로 중얼거렸어요.

"무서워!"

나운이는 언니 뒤로 숨었어요.

카드 병사들의 대장이 앞으로 나서더니 큰 소리로 외쳤어요.

"하트 여왕님의 명을 받고, 불법 행위를 한 모자 장수를 체포하러 왔다! 모자 장수는 순순히 앞으로 나와라!"

"네?"

모자 장수는 깜짝 놀랐어요.

"제가 무슨 죄가 있다고……?"

"가면 알게 될 것이다!"

카드 병사들의 대장이 손짓을 하자 카드 병사들이 우르르 몰려와 모자 장수의 팔에 포박을 해서 끌고 가기 시작했어요.

"난 죄 지은 것 없어! 앨리스, 얘들아~ 나 좀 구해 줘!"

모자 장수는 몸을 흔들며 반항했지만, 카드 병사들에게서 벗어날 수는 없었어요.

"어떻게 하지?"

나운이가 발을 동동 굴렀어요.

"우리도 따라가 보자!"

앨리스가 앞장서며 말했어요. 나연이와 나운이도 고개를 끄덕이며 뒤를 따랐어요.

가상현실 기기의 역사

가상현실 기기는 언제부터 우리의 삶에 자리 잡기 시작했을까요?
미국 시라큐스 대학에 따르면 1800년대에 이미 입체감을 표현할 수 있는 스테레오스코프(Stereoscope)가 등장했지만 본격적으로 등장한 것은 좀 더 기술이 발전한 1930년대부터라고 해요. 가상현실 기기가 어떤 진화과정을 거쳤는지 함께 살펴볼까요?

뷰마스터(Sawyer's View-Master)
전체를 합성수지로 만든 제품으로, 쌍안경으로 들여다보듯 필름을 감상할 수 있어요. 처음에는 어른을 위한 교육용 장치로 나왔지만 나중에 어린이용 장난감으로 큰 인기를 끌었어요.

1930년대 — 1940년대 — 1950년대 — 1960년대 — 1970년대

링크 트레이너(Link Trainer)
전기와 태엽을 이용한 비행 시뮬레이터로, 당시 미군이 3500달러, 현재 가치로 따지면 5만 달러 상당의 금액을 주고 6대를 구입했다고 해요.

센소라마(Sensorama)
케이스가 얼굴을 덮어 입체 영상을 볼 수 있어요. 뿐만 아니라 스테레오 스피커로 청각, 심지어 냄새로 귀와 코를 자극해 당시로서는 최고의 몰입감을 만끽할 수 있었어요.

텔레스피어 마스크(Telesphere Mask)
세계에서 처음으로 헤드 마운트 디스플레이에 입체 음향을 곁들인 제품이에요.

(출처: Inventinginteractive)

아스펜 무비 맵(Aspen Movie Map)
콜로라도에 위치한 아스펜 거리를 산책할 수 있는 모니터예요. 지금은 구글 스트리트뷰 같은 서비스로 이용할 수 있지만 당시로서는 선구자 격으로, 자동차 천장에 위치한 카메라로 거리를 촬영한 것도 이때가 처음이었다고 해요.

마이크로소프트 키넥트(Kinect)
센서로 사람의 움직임을 감지해 가상 공간에서 게임을 즐길 수 있는 게임으로, 고글이 필요하지 않았어요.

닌텐도 버추얼 보이(Virtual Boy)
비디오 게임 업계에서 처음으로 나온 가상현실 기기예요.

1980년대 — 1990년대 — 2000년대 — 2010년 — 2011년 — 2012년

VPL 아이폰(VPL Eyephone)
스마트폰이 아닌 글러브와 연동해 컴퓨터 시뮬레이션을 고글에 비추는 방식이에요.

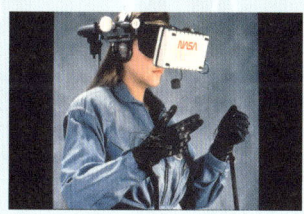

(출처: NASA)

아이폰 가상현실 뷰어
아이폰을 이용해 360도로 감상할 수 있는 기기예요.

버추얼리티 게이밍 머신
(Virtuality Gamimg Machine)
헤드셋과 컨트롤러를 들고 포드 위에 서서 게임을 즐기는 덩치가 큰 머신이에요.

오큘러스 리프트(Rift)
오큘러스에서 출시한 첫 번째 소비자용 VR 기기예요. 실제 제품이 나온 건 최근이지만, 당시만 해도 오큘러스VR은 크라우드 펀딩 사이트인 킥스타터를 통해 자금을 모아 화제를 모았어요. 이후 오큘러스VR은 2014년 페이스북에 인수됐지요.

마이크로소프트 홀로렌즈(Hololens)
현실세계에 홀로그램을 구현하는 복합현실 구현을 목표로 해요.

구글 카드보드(Cardboard)
골판지로 만든 가상현실 헤드셋으로 가격이 저렴해요. 갖고 있는 스마트폰을 연결하면 간편하게 가상현실을 즐길 수 있어요.

2016년 — 2015년 — 2014년 — 2013년

삼성전자 기어VR
비교적 저렴한 가격에 이용할 수 있고 가속기와 자이로스코프(회전체의 운동을 관찰하는 기구)를 내장하고 있어요.

택티컬 햅틱스(Tactical Haptics)
VR 모션 컨트롤러로 가상현실용 조이스틱(물체나 캐릭터의 움직임을 지시하고 명령을 전송하는 장치)이에요.

 가상현실 산업 발전에 따른 문제를 해결하기 위해서는 어떻게 해야 할까?

현재 가상현실과 증강현실 사업은 빠르게 확대되고 있어요. 미국의 유명 투자회사 골드만삭스에서도 향후 10년 안에 가상현실 체험 기기의 시장 규모가 TV 시장을 앞지를 것으로 전망했어요. 소비 시장이 확대됨에 따라 가상현실과 증강현실이 적용되는 범위도 게임, 영화 등을 넘어 의료, 교육, 여행, 스포츠 등 다양한 분야로 확대될 것으로 예상되고 있어요. 현재 누구나 들고 다니는 스마트폰처럼 가상현실·증강현실이 사람들의 일상 속으로 자연스레 다가올 거라는 뜻이지요. 가상현실 기술이 발달함에 따라 현실과 가상세계가 구분되지 않을 정도로 정교해질 가능성이 높아지고 있어요.

현실에는 행복한 일만 있는 것이 아녜요. 누구나 살면서 힘들거나 슬픈 일을 겪고, 인간관계를 잘 지속하기도 쉽지 않아요. 또한 여행을 떠나거나 취미 생활을 즐기려면 돈이 많이 필요하죠.

하지만 앞으로 발전할 가상현실 속에선 현실과 전혀 다른 모습이나 성격으로 자신을 변신시킬 수 있어요. 설정만 한다면 싫증나지 않는 친구도 만들 수 있고, 맘에 드는 외모의 이성 친구를 사귀는 체험도 할 수 있어요. 또한 시공간을 초월하여 과거나 미래 혹은 다른 나라를 마음대로 오가는 체험도 할 수 있지요.

이처럼 가상현실과 증강현실은 다양한 삶을 경험하게 해 주고 비용을 줄이면서 많은 체험을 할 수 있게 해 줘요. 하지만 가상현실의 기본 기술은 인간의 눈과 뇌의 신경세포를 속이는 거예요. 특히 인간의 뇌는 가장 속이기 쉬운 기관이라는 연구가 있어요. 진짜같이 정밀해진 가상현실을 체험하면서 점점 가상현실이 진짜 자신의 현실이고, 현실이 가상세계라고 착각하는 사람도 생길 거예요. 따라서 게임 폐인, 인터넷 폐인처럼 가상현실 폐인이 속출할 가능성이 높아요. 자신의 행복을 현실이 아닌 가상세계에서 찾는 사람이 늘어날 수 있다는 뜻이죠. 그 중독성은 게임이나 인터넷과는 비교가 안 될 정도로 치명적일 거예요.

이러한 가상현실 산업이 사람들을 행복하게 해 줄 수 있을까요? 가상현실 기기의 무분별한 사용에 따른 부작용을 줄이기 위해서는 어떻게 해야 할까요? 부모님 또는 친구들과 의견을 나누어 보세요.

가상현실(VR) 기기를 착용하고 게임을 하고 있는 사용자

 가상현실에는 약어로 된 용어가 많이 쓰이고 있어요. 꼭 알아야 할 가상현실 용어의 원래 뜻을 연결해 보세요.

❶ VR •   • a. 헤드 마운트 디스플레이(Head Mounted Display)

❷ AR •   • b. 증강현실(Augmented Reality)

❸ HMD •   • c. 가상현실(Virtual Reality)

정답
❶—c 가상현실(Virtual Reality)
❷—b 증강현실(Augmented Reality)
❸—a 헤드 마운트 디스플레이(Head Mounted Display)

하트 여왕의 등장

카드 병사들에게 끌려간 곳은 하트 여왕의 궁전이었어요. 카드 병사들은 궁전 안을 한참 걸어 들어가 커다란 문을 열었어요. 그곳은 법정이었어요. 법정 안의 방청석은 사람들과 동물들로 꽉 차 있었어요.

법정 안으로 들어서자 모자 장수는 멀리서도 확연하게 보일 정도로 몸을 부르르 떨었어요.

"왜 그렇게 몸을 떠세요?"

뒤에서 따라가던 나운이가 큰 소리로 물었어요.

"하트 여왕은…… 으…… 따딱따-따딱!"

몸을 어찌나 심하게 떠는지 말을 하는 모자 장수의 이가 아래위로 딱딱 부딪혔어요.

"아이 참, 말을 제대로 하셔야 알아듣죠. 하트 여왕이 도대체 뭐요?"

나운이가 물었으나 모자 장수는 여전히 말을 잇지 못하고 몸만 덜덜 떨고 있었어요. 그러자 앨리스가 대신 말을 했어요.

"하트 여왕이 무척 무섭거든. 그래서 저렇게 떠는 것 같아."

"죄 지은 게 없으면 무서워하지 않아도 되잖아요?"

그러자 앨리스가 한숨을 길게 내쉬며 말했어요.

"하트 여왕은 말이지, 죄가 없어도……."

그 순간 카드 병사들의 대장이 크게 외치는 소리에 앨리스의 뒷말이 묻혀 버렸어요.

"여왕님 오신다!"

뒤쪽의 문이 열리더니 머리가 커다란 하트 여왕이 들어왔어요. 그 뒤를 수염이 길게 난 왕과 붉은 토끼가 따라왔어요. 법정 안에 있던 병사들을 비롯해 모든 사람들이 납작 엎드렸어요. 나연이와 나운이는 따라서 엎드려야 하나 잠시 망설였어요.

"언니, 우리까지 엎드릴 필요가 있겠어?"

동생의 말에 나연이도 동의했어요. 앨리스도 가만히 서 있었어요. 하트 여왕은 고개를 도도히 들고 나연이 일행 쪽으로 다가왔어요.

"이것들은 누구냐?"

질문을 받은 카드 병사 대장은 그저 굽실 절을 하면서 미소만 지었어요.

"멍청이!"

하트 여왕은 신경질적으로 투덜거렸어요. 그때 나운이가 앞으로 나서며 따졌어요.

"이것들이라니요? 아무리 여왕님이라도 너무하신 거 아니에요?"

나운이의 말에 주위가 조용해졌어요.

"따딱따따딱!"

모자 장수의 이 부딪히는 소리만 더 크게 들렸어요.

분노로 얼굴이 시뻘게진 여왕은 잠시 나운이와 일행을 표독스럽게 노려보더니 소리를 버럭 질렀어요.

"이것들의 목을 베라! 목을!"

"헐!"

나운이의 입이 떡 벌어졌어요. 다짜고짜 목을 베라니……. 아무리 가상현실 속 이상한 나라라고 해도 너무 이상한 일이 벌어진 거예요. 바로 그때 앨리스가 귀에 대고 속삭였어요.

"모자 장수가 몸을 떤 게 바로 저것 때문이야. 하트 여왕은 눈에 거슬리면 아무나 목을 베라고 하거든."

함께 온 왕이 여왕의 팔을 잡고 흥분을 가라앉히자, 여왕은 잠시 씩씩거리더니 몸을 휙 돌렸어요. 마음이 바뀔 새라 왕이 서둘러 외쳤어요.

"모자 장수의 재판을 시작하라!"

병사들이 모자 장수를 피고석으로 데려갔어요. 동시에 앞쪽의 문이 열리더니 배심원(일반인 중에서 선출되어 재판에 참여해 판단을 내림)들이 줄줄이 들어왔어요. 배심원들은 고릴라, 여우, 물고기, 두꺼비, 돼지, 올빼미 등의 동물들이었어요. 마치 사람처럼 옷을 입고, 사람처럼 걸어 들어왔어요.

"토장관은 고소장을 읽어라!"

왕이 명령하자 붉은 토끼가 나팔을 세 번 불고는 양피지를 펼쳐서 읽기 시작했어요.

"모자 장수가 가상현실을 체험할 수 있는 테마파크를 만들었다. 그런데 조사 결과 이용 등급을 지키지 않았고, 그곳에 체험을 다녀온 몇몇이 건강 이상을 호소하였다. 이에 모자 장수를 고소하게 되었다."

붉은 토끼의 말이 끝나자마자 모자 장수는 손사래를 치며 외쳤어요.

"아니에요. 아니라고요. 억울합니다!"

그러나 모자 장수의 말은 들은 척도 않고 왕이 말했어요.

"첫 번째 고소인을 불러라!"

첫 번째 고소인으로 들어온 자는 손에 후추병을 든 요리사였어요.

"에취! 에취!"

후추 냄새에 법정 안에 있는 사람들이 일제히 재채기를 했어요.

"에취~ 당장 저놈의 목을 베라!"

하트 여왕이 격노한 목소리로 또다시 명령했어요.

"진정하구려. 고소인의 목을 베면 어떻게 해요!"

왕이 다시 여왕을 진정시켰어요. 그리고 요리사를 향해 물었어요.

"당신은 왜 모자 장수를 고소하게 된 것이오?"

그 말에 요리사가 주먹을 꽉 쥐면서 말했어요.

"가상현실로 전 세계를 돌아다니면서 각국의 전통 요리를 체험할 수 있다기에 비싼 값을 지불하고 체험을 신청했지요. 그런데 가상현실 세계에서 조금 돌아다니다 보니 어지럽고 멀미가 나지 뭡니까? 그래서 프랑

스 요리를 체험하고 있다가 그만 구토를 하고 말았어요. 가상현실은 건강에 안 좋은 것 같으니 당장 그만두게 해야 합니다!"

요리사의 말이 끝나자 방청객들이 술렁거리더니 하나둘 일어나 외쳤어요.

"나도 가상현실을 체험하고 나서 눈이 무척 아팠어!"

"나는 구토가 나왔어! 우웩!"

카드 병사들이 소란스런 방청객들을 자제시켰어요.

나운이는 언니와 앨리스에게 말했어요.

"나도 아까 가상현실 게임 할 때 어지럽고 멀미가 났는데……."

"너만의 문제는 아니었던 것 같구나."

앨리스가 걱정스레 말했어요.

요리사의 말과 방청객의 항의를 지켜보고 있던 왕이 모자 장수에게 물었어요.

"가상현실이 건강에 악영향을 미친다는 말인 것 같은데, 이게 어떻게 된 일인지 설명해 줄 수 있나?"

"억울합니다!"

모자 장수는 큰 소리로 외쳤어요.

"가상현실의 안정성은 물론 보장할 수 없습니다. 장시간 가상현실 기기를 이용하면 눈에 좋지 않을 수도 있겠지요. 또 어지럼증을 동반한 구토를 하는 손님도 보긴 했습니다."

"죄를 인정하는 것이냐? 당장 저놈의 목을 베라!"

하트 여왕이 버럭 소리를 질렀어요.

"제 말 아직 안 끝났어요. 전부 들어 주세요!"

모자 장수는 세상에서 가장 억울한 표정을 지으며 말을 이었어요.

"어지럼증을 일으키는 이유에 대해 알려드리고자 합니다. 가상현실 기기를 착용하면 착용한 사람이 둘러보는 대로 모두 눈에 들어오게 됩니다. 그러나 실제로 몸을 움직이는 게 아니지요. 그러다 보니 뇌에서 눈과 몸 기능에 대한 불일치를 느끼게 됩니다. 그때 어지럼증이 나타나는 거예요. 가상현실을 체험할 때 몸을 조금씩 움직이기만 해도 어지럼증이 훨씬 감소합니다. 그래서 현재 어지럼증을 줄이는 연구가 계속 진행 중에 있습니다. 연구가 성공하면 머지않은 시기에 멀미나 구토도 자연스레 줄어들 것으로 예상됩니다."

"부작용을 인식하고 고치려는 노력을 한단 말이군?"

왕의 말에 모자 장수는 고개를 끄덕였어요. 그러자 왕이 배심원들을 둘러보며 말했어요.

"잘 들었죠?"

"네!"

배심원들이 동시에 대답했어요.

"다음 고소인을 들어오라고 해라!"

이번에 들어온 것은 머리를 높이 말아 올린 공작부인이었어요. 부인은 10살 정도 되는 꼬마 아이를 데리고 들어왔어요.

"부인께선 왜 모자 장수를 고소하게 된 것이오?"

공작부인은 대답 대신 모자 장수를 똑바로 노려보았어요. 눈에서 레이저라도 나가는 듯했지요. 모자 장수는 시선을 슬쩍 피했어요.

"폭행죄로 고소합니다! 우리 아들이 가상현실 게임을 하기 위해 모자 장수가 운영하는 곳에 갔습니다. 그런데 나이에 맞지 않는 폭력 게임을 하게 한 거예요. 게임 상대방과 실제로 때리고 맞는 체험을 한 우리 아이는 충격을 받아 지금도 말을 못 하고 있어요."

공작부인의 말을 들은 왕이 아이에게 물었어요.

"정말 말을 못 하니?"

아이는 대답 없이 고개만 끄덕였어요. 왕은 모자 장수에게 시선을 돌리며 물었어요.

"아이가 이용할 수 없는 등급의 콘텐츠를 제공한 것 같은데 어떻게 된 일인지 설명해 줄 수 있나?"

"억울합니다!"

모자 장수는 또다시 소리 높여 외쳤어요.

"게임의 유해요소에 맞춰 등급을 부여한 규칙에 충실히 이행했습니다. 저 아이에게도 등급에 따라 가능한 게임을 하게 했습니다."

"그런데 아이가 폭력 체험의 충격으로 말을 하지 못한다고 하지 않느냐?"

왕이 묻자 모자 장수가 말을 이었어요.

"기술의 발전으로 가상현실 사용자가 실제와 비슷한 현실감을 느끼는 게 사실입니다. 그래서 비록 가상현실이라고 해도 오감에 작용하는 기기를 통해 실제와 비슷한 고통을 받을 수 있습니다. 하지만 가상현실에서 느끼는 폭력성에 대한 부분까지는 아직 심의가 정립되지 않은 상태입니다. 따라서 제 잘못만은 아닙니다."

모자 장수의 항변을 들은 왕은 고민에 빠졌어요.

"가상세계에서의 폭력이 그냥 게임요소인지에 대한 판단이 정립되어

게임의 등급은 어떻게 이루어질까?

게임의 등급을 따라 어린이가 할 수 있는 게임과 할 수 없는 게임이 있지요? 게임 등급은 크게 '전체 이용가', '12세 이용가', '15세 이용가', '청소년 이용 불가', 4단계로 구분하고 있어요. 그렇다면 등급을 분류하는 심의는 무엇을 기준으로 삼을까요? 다음과 같이 5가지의 원칙을 기본으로 등급 분류가 이루어져요.

1. 콘텐츠 중심성: 콘텐츠 이외의 부분에 대해서는 등급 분류 대상에서 제외.
2. 맥락성: 전체적인 게임물의 맥락과 상황을 보고 등급을 결정.
3. 보편성: 사회적 통념에 부합하는 등급을 결정.
4. 국제적: 범세계적인 일반성을 갖도록 등급을 결정.
5. 일관성: 동일 게임물은 심의 시기, 심의 주체가 바뀌어도 동일한 등급을 결정.

위 5가지 원칙을 기준 삼아 게임 진행상의 선정성, 폭력성, 범죄 및 약물, 언어, 사행성(도박) 등의 요소를 세세하게 고려하여 등급을 결정하게 되는 거랍니다.

선정성	폭력성	공포	언어의 부적절성	약물	범죄	사행성

게임 등급 마크 (출처: 게임등급위원회)

있지 않은 모양이군!"

그러자 공작부인이 날카로운 목소리로 외쳤어요.

"가상현실에서도 현실과 똑같이 느꼈다면 폭력을 당한 거지요!"

"가상현실상의 폭력에 대해서 범죄인지 아닌지는 논의가 필요한 것으로 하겠다!"

폭행죄가 적용되지 않자 모자 장수는 안심하는 눈치였어요. 나운이는 옆에 있는 앨리스에게 속삭였어요.

"나도 아까 게임 할 때 괴물들이 진짜 같아서 놀랐어."

"기술의 발달로 이제는 머리에 쓰는 것 말고도 온몸에 센서가 달린 기기를 사용할 수 있어. 그걸 사용하면 정말 맞고 때리는 것까지 온몸으로 느낄 수 있다고 해. 저 아이는 직접 느끼는 센서가 달린 기기까지 착용했나 봐."

"으~ 아까 게임 속 같은 몬스터들에게 당하면 정말 아플 것 같은데?"

"그럴 수 있지."

둘이 대화를 주고받는 사이 왕이 외쳤어요.

"다음 고소인을 들어오라고 해라!"

"네? 고소인이 또 있어요?

모자 장수는 황당한 얼굴로 출입문을 바라보았어요.

모자 장수의 잘못만은 아니야

이번에 문으로 들어온 것은 정원사였어요. 손에 커다란 원예 가위를 들고 있었지요.

"당신은 왜 모자 장수를 고소하게 된 거요?"

왕의 말에 정원사가 가위질을 하며 대답했어요.

"무엄하구나! 감히 하늘의 신에게 대답을 요구하다니!"

정원사의 갑작스런 말에 재판정 안은 조용해졌어요. 왕에게 감히 저렇게 말한다는 것은 상상도 할 수 없는 일이었거든요. 침묵을 깬 것은 하트 여왕이었어요.

"너야말로 무엄하구나! 당장 저놈의 목을 베라!"

이번에는 왕도 여왕을 말리지 못했어요. 그만큼 정원사의 말은 왕에게도 충격이었어요.

카드 병사들이 정원사에게 우르르 달려갔어요. 그때 문이 활짝 열리더니 누군가 뛰어들어와 정원사의 앞을 두 팔 벌려 막았어요.

"안 돼요!"

앞치마를 두르고 있는 것으로 보아 집에서 요리를 하다 뛰어나온 평범한 가정주부 같았어요.

"너는 누구냐?"

왕비가 물었어요.

"이 정원사의 아내입니다."

"그런데?"

"제 남편은 죄가 없습니다. 죄는 바로 저 모자 장수에게 있습니다. 제 남편은 모자 장수의 가상현실을 체험한 뒤에 저렇게 변했습니다."

정원사의 아내 말에 장내가 웅성거렸어요. 잠시 후, 제정신을 차린 왕이 물었어요.

"그건 또 무슨 말이냐?"

"모자 장수의 가상현실을 패키지로 체험한 뒤에 가상현실에 푹 빠져 버렸어요. 그러더니 가상현실을 진짜 현실과 구분하지 못하고 마치 자기가 하늘의 신이 된 것처럼 말을 하고 있어요."

아내의 말이 끝나자마자 정원사가 가위를 휘두르며 외쳤어요.

"내가 너희들에게 불벼락을 내릴 것이다!"

"보세요. 저렇게 정원사 일도 안 나가고 가위를 휘두르며 마치 신이라도 된 듯 벼락을 내린다고 외치고 있답니다."

정원사 부인의 말을 들은 왕은 혼자 중얼거렸어요.

"상태가 정말 심각하군!"

왕이 모자 장수에게 물었어요.

"정원사가 왜 저렇게 된 것인지 알고 있나?"

모자 장수는 침을 꿀꺽 삼키더니 대답했어요.

"정원사가 저희 가상현실 체험을 한 것은 사실입니다. 하지만 저렇게 된 것은 제 잘못이 아닙니다."

"저놈은 아까부터 계속 잘못이 없다고만 하는구나! 저놈의 목을 베어라!"

여왕이 다시 고함을 질렀어요. 모자 장수는 또다시 억울한 표정을 지으며 말했어요.

"가상현실을 경험하는 사용자에 따라서 가상과 현실을 구별하지 못하는 이용자가 생길 수도 있습니다. 가상세계 속에서만 존재하는 자신의 캐릭터를 실제 자신으로 생각해 급기야 현실의 자신은 잊고, 가상의 자기 모습만 인정하게 되는 것이죠."

"저게 무슨 말이야?"

나연이가 앨리스에게 물었어요.

"자신의 진짜 삶이 가상현실 속에 존재하는 것으로 믿을 수도 있다는 뜻이야."

모자 장수의 설명을 듣던 왕이 고개를 갸웃거리며 물었어요.

"왜 그렇게 되는 것이냐?"

"가상세계에 들어가면 사용자는 자신이 한 설정에 따라 원하는 사람으로 변신할 수 있어요. 외모나 사회적인 직업 등도 멋지게 조절할 수 있죠. 어떤 게임에서는 신이 되어 가상세계를 창조할 수도 있어요. 바로 저 정원사처럼 말이죠."

법정의 사람들이 일제히 정원사를 바라봤어요. 정원사는 아직도 가위를 휘두르며 벼락을 내리겠다고 외치고 있었어요.

"저렇게 가상과 현실 사이에서 오는 차이를 혼동하고 오히려 가상 속 세상이 진짜라고 믿어버리는 거예요. 잘못하면 가상현실이 점점 확대됨에 따라 사회적인 문제가 될 수도 있습니다."

"그럼 정원사가 저리 된 것도 네 잘못이 아니라는 말이냐?"

"책임 소재를 따지기 전에 가상현실에 대한 사회적인 안정성을 확보하여 우리 사회가 함께 정원사를 치료해야 합니다."

모자 장수의 말이 끝나자 재판정 안이 모두 조용해졌어요. 침묵을 깬 것은 이번에도 하트 여왕이었어요.

"다 필요 없다! 모자 장수의 목을 베고, 정원사의 목도 베고, 모두의 목을 베라!"

왕이 인상을 찌푸리며 카드 병사들에게 손짓을 했어요.

카드 병사들은 여왕을 붙잡고 밖으로 나갔어요. 여왕은 나가

는 중에도 계속 목을 베라는 소리만 반복하고 있었어요. 하트 여왕이 나가자 왕은 배심원들을 둘러보았어요.

"자, 이제 배심원들이 모자 장수에 대한 판결을 내려주시오. 모자 장수가 가상현실의 여러 문제점을 알고 있으면서도 운영한 것은 확실한 것 같소."

배심원들은 서로의 얼굴을 바라보며 난감한 표정을 지었어요. 그저 재미로만 즐기는 것으로 알고 있던 가상현실엔 여러 가지 문제가 있었던 거예요. 그렇다고 모자 장수만 잘못했다고 처벌을 받게 하는 것도 앞뒤가 맞지 않는 것 같았어요.

한참을 토론하며 고민하던 배심원단은 드디어 결론을 내렸어요. 배심원 대표로 앞으로 나선 두꺼비는 왕에게 판결문을 전달했어요. 왕은 판결문을 펴서 읽기 시작했어요.

"모자 장수의 가상현실 테마파크는 멀미와 어지럼증을 유발하고 심한 경우 두통을 일으키기도 하였고, 어린아이도 가상현실 속 폭력에 무방비로 노출시켰으며, 과도하게 몰입한 일부 사용자는 가상과 현실세계를 혼동하게 만들었습니다. 가상현실은 이렇듯 여러 가지 문제가 있습니다. 하지만 앞으로 계속 발전해 나가는 산업이니만큼 해결책도 함께 모색하고 있다는 모자 장수의 말

가상현실은 소리도 중요하다고?

소리 문제는 가상현실이 해결해야 할 가장 큰 문제 중 하나예요. 효과음과 같은 소리는 가상현실에서 몰입도와 현장감을 높여 줄 수 있어요. 소리가 없다면 아무리 시각적으로 뛰어나다고 할지라도 실제처럼 느낄 수 없기 때문이에요.

영화관에서 도입한 3D 입체 음향 시스템

가상현실에서는 시선을 돌리는 방향에 맞춰 소리도 따라 이동해야 해요. 예를 들면 앞을 보다가 우측을 보면 소리의 방향도 앞쪽에서 들리다가 우측으로 바뀌어 들려야 하는 거지요. 뒤쪽으로 돌아서면 소리의 방향도 뒤쪽으로 바뀌어야 하고요. 방향성과 거리, 깊이, 강도 등을 고려하여 환경적인 차이를 소리로 느낄 수 있게 해야 해요. 그래야 시각적인 감각과 함께 청각적인 감각이 어우러져 사용자가 가상현실 속으로 온전히 진입할 수 있어요.

하지만 소리 분야는 시각적인 분야보다 덜 중요하게 여겨지고, 기술 개발도 힘든 분야라 현재 발전이 더디게 진행되고 있어요. 가상현실 속 입체 음향 효과는 반드시 필요한 기술이니만큼 지속적인 발전이 이루어질 것이라 예상되고 있어요.

도 일리가 있습니다. 이는 현 시점에 있어서 가상현실의 문제이지 이를 운영하는 모자 장수 한 개인의 문제가 아닌 만큼 모자 장수에게는 조건부 무죄를 선고합니다. 조건부 무죄란, 이용 등급을 잘 분류해서 연령에 맞는 가상현실 체험을 하게 하고 과도한 시간을 가상현실 체험에 쏟지 못하게 할 의무가 있다는 것입니다."

왕이 배심원들의 판결문을 다 읽자 모자 장수는 안도의 한숨을 쉬었어요.

"휴~ 살았다……."

배심원과 방청객은 판결에 공감한다는 듯 고개를 끄덕였어요. 누구도 억울하지 않은 현명한 판결이었어요.

나연이와 나운, 앨리스도 박수를 쳤어요. 모자 장수는 나연이 일행을 보고 미소를 지었어요. 처음 보는 미소였지요.

"무사히 풀려난 기념으로 숲속에서 다과회를 열기로 하마. 너희들도 초대하도록 하지."

"와~ 좋아요!"

마침 배가 출출했던 나운이는 두 팔을 올리며 좋아했어요.

증강현실 구현 과정

2016년 전 세계에 불어닥친 포켓몬 고 열풍! 포켓몬 고가 인기를 끌면서 증강현실이라는 기술도 주목받기 시작했는데요. 아직은 생소하지만 앞으로 주목받고 있는 증강현실의 구현 과정은 어떻게 이루어지고 있는지 다 함께 살펴볼까요?

'포켓몬 고'를 가능하게 만든 증강현실이란?

GPS 위치 정보 전달

모바일 기기

가상 이미지

증강현실은 어떻게 구현되는 걸까?

모바일에서 위치 정보 획득

위치 정보
시스템 서버에 전송

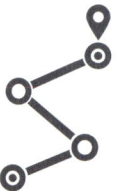

모바일에서 받은 위치 정보에 맞는
다양한 부가정보 선별
(부가정보: 쇼핑, 쿠폰, 전화번호 등)

부가정보
모바일로 전송

부가정보를 모바일 카메라 화면에
겹쳐서 구현

증강현실, 어디까지 왔나?

의료기술에 적용
(뇌수술에 사용)

위험지역 알림 서비스
(해운대 및 해수욕장 시범서비스 시작)

GPS 내비게이션 적용
(정교하고 직관적으로 길 찾기 안내)

레저 스포츠(사이클 등)에 적용
실내에서 현장감 넘치는 스포츠 즐기기

교육에 적용
(초·중학교 교과서에 적용)

증강현실이 만들어 낼 경제 효과는?
2020년 가상현실과 증강현실 콘텐츠 분야별 시장 규모 예상

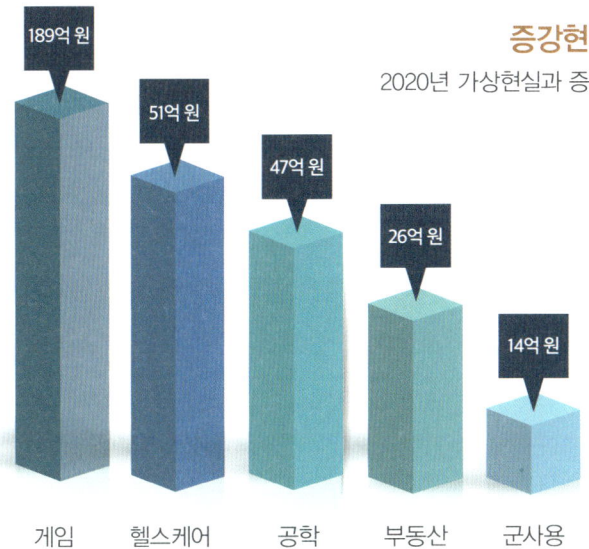

- 게임: 189억 원
- 헬스케어: 51억 원
- 공학: 47억 원
- 부동산: 26억 원
- 군사용: 14억 원

가상현실 관련 콘텐츠, 규제해야 할까, 완화해야 할까?

가상현실은 사람들에게 새로운 경험을 접하게 하며 생활 전반에 걸쳐 점점 영향력을 넓혀 가고 있어요. 하지만 장밋빛 전망에도 불구하고 해결해야 할 문제들도 많이 있어요.

가상현실은 그동안 접해 온 미디어들과 달리 시각정보와 신체정보의 불일치로 인해 균형감각과 방향감각을 잃게 되면서 어지럼증을 느끼거나 구토를 할 수 있어요. 또한 시력에 치명적인 위험을 끼칠 수도 있지요.

가상현실 때문은 아니지만, 1997년 12월 16일 일본에서 포켓몬 애니메이션을 방영하던 중 약 3초가량 강렬한 빛이 화면을 가득 뒤덮는 장면이 시청자들에게 노출됐어요. 당시 일본 곳곳에서 포켓몬을 시청하던 어린이들이 집단 섬광 발작을 일으키는 사고가 발생하기도 했죠. 가상현실 역시 일부 사용자가 발작이나 심한 현기증을 일으키거나 일시적으로 의식을 잃게 할 수 있다고 해요. 때문에 가상현실 관련 기업에서는 어린아이들의 가상현실 사용에 부정적인 의견을 발표하고 안내문을 공지하고 있어요. 13세 미만의 어린아이는 보호자와 함께 사용하고, 사용시간 제한을 권장한다는 내용의 공지예요.

또한 가상현실 속에서의 과다한 폭력과 선정적인 장면 노출에 대한 우려도 높아요. 기술 발전으로 인해 가상현실 속 폭력 등이 실제 현실에 영향을 미칠 수 있기 때문이죠. 가상현실로 공포 게임을 즐기고 정신과 치료를 받는 경우도 있다고 해요. 하지만 현재 영화나 게임 등은 등급에 대한 확실한 가이드라인이 있지만

가상현실 관련 콘텐츠에는 정확하게 적용되지 않고 있어요.

또 하나의 문제는 가상과 현실 사이에서 발생하는 차이예요. 현실에서는 힘들게 살지만, 가상현실에서는 멋진 인생을 사는 또 하나의 자신을 만들 수 있기 때문이죠. 이러한 차이로 인한 사회적 문제가 발생할 수 있으니 안전장치가 반드시 필요해요.

마지막으로 가상현실은 디지털 데이터로 이루어진 세상이에요. 그 때문에 사용자의 정보와 가상현실을 체험하면서 겪은 행위가 데이터로 남게 되지요. 그 데이터를 가상현실을 운영하는 관련 기업이 고스란히 가져갈 수 있어요. 마치 인터넷 사이트 가입자의 개인정보가 무분별하게 유출된 것과 비슷한 일이 발생할 수 있는 거예요. 따라서 개인정보 보호를 강화하고, 가상현실 속 데이터를 수집하지 못하게 하는 규제가 필요해요.

이와 같이 가상현실은 동전의 양면과 같이 긍정적인 측면과 부정적인 측면을 지니고 있어요. 아무 규제가 없다면 사용자가 겪을 수 있는 여러 부작용을 막을 수 있는 안전장치가 없을 거예요. 하지만 지나친 규제는 가상현실의 기술 발전과 저변 확대를 막을 수 있어요. 그렇다면 가상현실의 발전 과정에서 나타날 문제들 때문에 가상현실을 규제해야 할까요? 규제한다면 어느 정도 선까지 규제해야 할까요? 친구들 또는 부모님과 이에 대해 이야기해 보세요.

QUIZ

 다음 중 가상현실과 증강현실의 부정적인 측면을 모두 골라 보세요.

❶
아이가 헤드 마운트 디스플레이를 착용하고 19세 등급의 폭력 게임을 하고 있다.

❷
가상현실로 박물관에 전시된 유물을 관람하고 있다.

❸
현실과 가상현실을 구분하지 못하는 가상현실 폐인이 되어 제대로 일상생활을 하지 못한다.

❹
포켓몬 고 게임을 위험한 도로 한가운데에서 하고 있다.

정답 ❶, ❸, ❹

다과회에 초대되다

모자 장수의 가상현실 테마파크 앞에 긴 탁자가 놓였어요.

이제 앉을 자리가 없다고 핑계 댈 수도 없을 만큼 의자도 많이 준비되었어요. 탁자 위에는 케이크, 호두 파이, 치킨, 스프, 각종 쿠키 등이 한가득 차려졌어요. 마지막으로 포크와 나이프를 놓은 뒤 모자 장수는 한쪽 편에 서 있는 나연 일행에게 윙크를 하며 말했어요.

"자, 의자는 많으니 이리 와서 앉으렴!"

그동안 듣지 못했던 따뜻한 목소리였어요.

"와~ 맛있겠다!"

나운이가 제일 먼저 가서 음식을 먹기 시작했어요. 이상한 나라에 온 이후 아무것도 먹지 못해서 마침 배가 고픈 참이었어요. 나연이와 앨리스도 자리를 잡고 앉았어요.

쿠키를 향해 손을 뻗으며 나연이가 모자 장수에게 물었어요.

"가상현실 사업 때문에 재판도 받고 무척 곤란해지셨겠네요?"

그러자 모자 장수는 고개를 저었어요.

"새로운 사업에 도전하는 거니 그 정도는 감수해야지. 이게 다 가상현실이 대중화되기 위한 과정이란다. 가상현실은 새롭게 사업을 시작하려는 사람들에게 엄청난 기회거든!"

앨리스가 동의하듯 고개를 끄덕이며 말을 이었어요.

페이스북

페이스북은 현재 세계에서 가장 가입자가 많은 소셜 네트워크 서비스(Social Network Service, 줄여서 SNS)예요. SNS는 인터넷으로 연결된 웹상에서 사용자들이 인맥을 넓힐 수 있는 '온라인 인맥 서비스'를 뜻해요. 이름과 생년월일 등으로 간단하게 회원가입을 한 뒤, 페이스북에 가입되어 있는 수많은 사람들과 친구를 맺을 수 있어요.

페이스북은 2004년에 하버드 학생이었던 마크 주커버그에 의해 만들어졌어요. 처음에는 하버드 학생만 이용할 수 있었으나 점차 확대되어 제한 없이 가입이 가능해졌어요. 2016년 기준으로 가입자가 무려 15억 명이 되었지요.

마크 주커버그는 페이스북으로 40억 달러 이상을 벌어들여 2010년에 이미 세계 10대 청년 부자 1위에 오르기도 했어요. 하지만 무분별한 친구 찾기 기능으로 사생활이 보호되지 않고, 폭력물이나 성인물이 제한 없이 게시되기도 하여 논란이 벌어지기도 했어요.

페이스북 설립자 마크 주커버그

"모자 장수의 말이 맞아. 가상현실 사업은 여기 이상한 나라에서뿐 아니라 너희들 세상에서도 가장 뜨거운 화제를 몰고 다니는 분야라고 할 수 있어. 전혀 새로운 분야이니 말이야. 대기업부터 중소기업까지 앞 다투어 가상현실 사업에 뛰어들고 있다고 해."

나연이가 쿠키를 바삭 깨물며 물었어요.

"그럼 우리가 어른이 됐을 때쯤이면 가상현실 분야가 엄청 커져 있겠네요?"

모자 장수는 고개를 끄덕였어요. 머리 위의 모자도 위태롭게 흔들거렸어요.

"그럴 거다. 아마 너희들이 가상현실과 관련된 분야에서 일하고 있을 수도 있지 않을까?"

"와우~ 엄청 재밌을 것 같은데요?"

나운이가 치킨을 들고 좋아했어요.

앨리스가 웃으며 말했어요.

"몇 년 전 페이스북의 설립자 마크 주커버그가 삼성의 신제품 발표 현장에 나와 차세대 신기술의 주제로 가상현실을 선언한 적이 있어. 가상현실 산업이 차세대 기업의 성장 동력이라고 공개적으로 발표한 셈이지. 그리고 VR(가상현실) 기기를 판매하는 대표적인 회사인 오큘러스를 엄청난 가격에 인수했어. 그 후 수많은 기업에서 가상현실 관련 사업을 선점하기 위해 뛰어들었지."

"마크 주커버그가 오큘러스라는 회사를 인수한 이유가 뭐야?"

나연이가 물었어요.

"오큘러스는 실감나는 VR 기기 기술

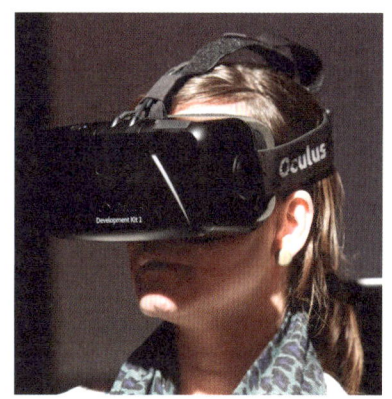

페이스북에서 인수한 오큘러스 제품

을 갖고 있거든. 너희들이 가상현실을 체험할 때 사용했던 헤드 마운트 디스플레이가 바로 오큘러스의 제품이야. 마크 주커버그가 만들고 운영하는 페이스북은 인터넷과 스마트폰을 이용하여 관계를 만들고 이어가는 공간이야. 하지만 가상현실 속의 가상공간은 페이스북의 개념에서 훨씬 앞서 나가는 것이지."

"어떻게 달라요?"

"마크 주커버그는 '가상공간에서 타인과 만나게 되면, 그곳 자체가 사회적인 공간이 될 것'이라고 말했어. 즉, 가상공간 자체가 현실처럼 만나고 대화를 나누고 관계를 이어갈 수 있는 곳이라는 얘기지."

모자 장수가 손으로 호두 파이 한 조각을 집으며 말했어요.

"근데 다른 기업에서 가상공간이라는 거대한 사업 기회를 페이스북 경영자가 독점하게 놔두지 않을 거다."

모자 장수는 호두 파이를 뚝 자르며 말했어요.

"이렇게 파이를 나눠 먹으려고 다른 기업들도 전력을 다할걸!"

앨리스는 모자 장수에게 엄지를 내밀었어요.

"역시 모자 장수 아저씨는 사업가 기질이 충분하시네요. 정확히 보셨어요."

"그 정도야 기본이지. 어험!"

겸손한 듯 말했지만 모자 장수의 어깨가 슬쩍 올라갔어요.

앨리스는 씩 웃고 나서 나연이와 나운이를 바라보며 말을 이었어요.

"애플, 구글, 소니, 삼성, LG라는 회사 알아?"

"그럼. 다 알고 있지!"

"우리 집에도 그 회사 제품 하나씩은 있을걸. TV, 세탁기, 냉장고, 컴퓨터, 스마트폰 등등!"

나연이와 나운이가 한마디씩 대답했어요.

"그렇지? 이와 같은 세계 굴지의 기업들이 가상현실 관련 시장을 선점하기 위해 앞 다퉈서 진출하고 있어. 가상현실 생태계를 초기에 구축하는 곳이 승자가 될 가능성이 높기 때문이야."

가만히 듣고 있던 모자 장수가 갑자기 초조하게 탁자 옆을 오갔어요.

"나도 빨리 나만의 브랜드를 만들어서 가상현실 사업을 더 키워야 하는데 어쩌지……."

그러자 앨리스가 모자 장수를 말렸어요.

"사업을 하시는 것도 좋지만 인간적인 면을 절대 놓치지 마세요."

"인간적인 면?"

모자 장수가 되물을 때였어요. 갑자기 테마파크 입구가 소란스러워졌어요.

인간다운, 더욱 인간다운

테마파크 입구 쪽을 바라보니 재판에서 고소인으로 나왔던 요리사와 정원사, 그리고 공작부인과 어린 아들이 들어오고 있었어요.

공작부인이 부채를 펴들고 모자 장수를 가리켰어요.

"다과회를 열었으면 당연히 피해자인 우리도 초대했어야지!"

모자 장수는 머리 위 모자를 들고 뒤통수를 긁적였어요.

"그게……. 초대를 할까 고민을 했었는데요……."

모자 장수의 변명을 듣기도 전에 이번엔 요리사가 들고 있던 후추를 획 뿌리며 소리쳤어요.

"저 요리는 대체 누가 한 거야? 내게 요리를 부탁했어야지!"

"에취!"

모자 장수가 기침을 한 뒤 대답했어요.

"보시다시피 후추가 필요한 요리가 없어서……."

이번엔 정원사가 가위를 휘두르며 위협적으로 말했어요.

"신은 저런 인간의 음식 따위는 안 먹는다!"

"아……. 근데 누가 드시라고 했나요?"

"뭐라고?!"

정원사는 모자 장수의 말에 화가 난 듯 주변 나무들로 달려가더니 분노의 가위질을 했어요.

싹둑싹둑-

순식간에 근처 나무들이 깎여 나갔어요.

나연이는 정원사가 깎은 나무를 보고 깜짝 놀랐어요. 토끼 모양, 나비 모양, 구름 모양……. 아주 멋지게 나무를 손질한 거예요.

"오오~ 실력이 살아 있네요?"

앨리스가 감탄하며 말했어요.

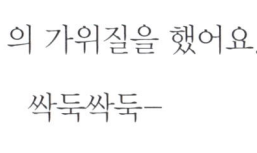

"나는 신이니 얼마든지 가능하지!"

정원사가 팔짱을 끼고 말했어요.

모자 장수가 고개를 저으며 중얼거렸어요.

"아직도 제정신이 안 돌아왔나 보네……."

그때 양손에 치킨 다리를 하나씩 들고 있던 나운이가 앞을 나서며 물었어요.

"근데 여기엔 왜 오셨어요? 우리 먹을 것도 모자랄 것 같은데……. 윽!"

나연이는 재빨리 동생의 입을 틀어막았어요. 하지만 이미 늦었어요. 공작부인의 얼굴이 새빨개지고 있었거든요.

입을 연 공작부인은 기관총처럼 따따닥- 쏘아붙였어요.

"우리가 먹고 싶어서 온 줄 알아? 우린 가상현실을 제대로 알고자 왔단 말이다!"

"그럼 다행이네요."

나운이는 천연덕스럽게 자기 자리로 돌아가 계속 음식을 먹었어요.

앨리스가 멍~하니 서 있는 일행에게 의자를 권했어요.

"일단 앉아서 대화를 해 보도록 해요."

공작부인과 아들, 요리사, 정원사는 차례대로 의자에 앉았어요. 자신을 신이라고 생각하는 정원사는 소박한 의자가 맘에 들지 않는 눈치였지만 입으로만 구시렁거릴 뿐 불만을 내뱉진 않았어요.

"자, 그럼 무엇을 더 듣고자 이곳까지 오셨는지요?"

모자 장수가 양손을 비비며 물었어요. 겉으론 태연한 척했지만, 고소인들과 만나니 불안한지 얼굴엔 땀이 줄줄 흐르고 있었어요. 공작부인은 탁자 위에 있는 음료수를 한 모금 마시더니 말했어요.

"가상현실을 좀 더 인간적으로 접근할 수는 없을까?"

"네?"

뜻밖의 말에 모자 장수가 어리둥절했어요.

"가상현실의 폭력성 때문에 우리 아이가 충격을 받았고, 저 요리사는 어지럼증 때문에 멀미와 구토를 했다고 하고, 특히 저 정원사는 정신이 오락가락할 정도가 됐다고 하니 말이야. 그게 다 가상현실 기술에만 눈이 멀어 나온 결과 아니야?"

"무슨 말씀이신지…… 잘…….”

모자 장수가 못 알아듣자 앨리스가 중간에 끼어들었어요.

"사람이 우선이 되어야 하는데 기술이 우선인 것 같다는 말씀이시죠?"

"그렇지! 내 말이 바로 그거야!"

공작부인이 고개를 끄덕였어요.

"우리 말도 그거야!"

요리사와 정원사도 동시에 말했어요.

나연이는 이들이 요구하는 게 무엇인지 어렴풋이 알 것 같았어요. 가상현실은 어찌 보면 비인간적인 기술 같았어요. 사람하고 함께하는 게 아니라 VR 기기를 착용한 채 혼자만의 세계에 빠지고, 또 아직 완벽하지 않은 기술 탓에 많은 부작용도 일으키고 있기 때문이에요.

나연이가 앞으로 나서며 말했어요.

"가상현실로 사람이 행복해질 수 있다면요?"

"엥? 그게 무슨 말이니?"

모자 장수가 물었어요.

"저분들에게 가상현실이 사람들을 행복하게 해 줄 수 있다는 것을 알려주시면 될 것 같은데요."

"우리 말도 그거야!"

요리사와 정원사가 다시 한 번 동시에 말했어요.

"가상현실이 사람들을 행복하게 해 주는 건 당연한 거야! 일단 재밌잖아?"

모자 장수가 별 고민 없이 쉽게 대답했어요. 그러자 앨리스가 덧붙여 말하기 시작했어요.

"사람들은 누구나 행복을 추구하는 존재이긴 해요. 과학과 기술이 발전해 온 것도 더 편하고 행복한 삶을 살기 위해서라고 하니까요. 과학과 기술이 결합된 가상현실 역시 사람을 더 행복하게 만들기 위해서 등장한 거예요. 하지만 앞서 말씀하신 그런 부작용들이 있어요. 그 때문에 걱정하는 분들도 많이 있고요."

"암! 나도 걱정하는 사람 중에 하나지!"

공작부인이 아들을 보며 중얼거렸어요.

"맞아요. 자칫하면 가상현실 기술은 사람들을 현실에서 도피시키고 가상세계에 갇히게 할지도 몰라요. 그런 사람들을 지배하는 기업이 등장할 수도 있어요. 앞서 언급한 대기업들이 해당될 수도 있겠지요. 그들이 만들어 놓은 가상세계에서 저 정원사 아저씨처럼 신이 되거나, 멋진 연예인이 되어 지낼 수도 있을 거예요. 하지만 현실에서는 어떨까요?"

나연이는 모자 장수, 정원사와 요리사를 차례대로 쳐다봤어요. 앨리스의 말에 찔리는지 다들 먼 산을 바라보고 있었어요.

"요리사 아저씨!"

앨리스가 부르자 요리사는 깜짝 놀라 쳐다봤어요.

"어, 왜?"

"가상현실에서 전 세계의 비싼 요리를 감상하니 어땠어요?"

"신기하긴 하던데……."

"그렇죠. 현실에선 단시간에 전 세계를 돌아다니며 감상할 순 없을 테니까요. 하지만……."

앨리스는 여전히 열심히 먹고 있는 나운이 옆으로 다가갔어요. 그리고 손에 들고 있는 쿠키 한 조각을 가리켰어요. 나운이는 영문도 모르고 쿠키를 넘겨주었어요. 앨리스는 쿠키를 입에 넣고 아작아작 깨물어 먹었어요. 앨리스의 입가에 달콤한 미소가 피어올랐어요.

"자, 다 같이 쿠키를 먹어 보세요."

나운이가 가장 먼저 쿠키를 들어 입에 넣었고 나연이, 요리사, 정원사, 공작부인과 그 아들까지 모두 쿠키를 입에 넣고 아작아작 씹어 먹었어요. 달콤한 맛이 입안 가득 맴돌았어요. 모두의 얼굴에 앨리스와 같이 달콤한 미소가 떠올랐어요. 앨리스는 모두를 돌아보며 말했어요.

"아무리 전 세계의 비싸고 귀한 요리를 가상현실 속에서 체험한다고 해도 현실에서 먹는 한 조각의 쿠키 맛과 비교할 수 있을까요?"

모두 일제히 고개를 가로저었어요.

"가상현실의 즐거움도 중요하지만, 현실의 행복이 더 중요하다는 말이군."

정원사가 중얼거렸어요. 그리고 더 이상 가위를 위협적으로 휘두르지 않았어요.

바로 그때였어요. 하트 여왕의 외침이 들렸어요.

"여기 다 모여 있었구나!"

국내 기업의 가상현실 전략

보유 자원이 빈약한 한국 경제는 IT 업종의 비중이 높아요.

인터넷으로 새로운 시장이 열린 것처럼 가상현실과 증강현실이라는 신사업에 진출하기 위한 국내 기업들의 준비가 빨라지고 있어요. 업계 특성상 신속하게 참여하지 않으면 한없이 뒤처질 수 있기 때문이에요. 국내 광고업체 중 하나인 이노션은 실제 경주 코스를 주행하는 듯한 가상현실 콘텐츠를 제작하여 호평을 받았어요.

또한 한국 포털사이트 1위 업체인 네이버는 360도로 가상현실을 체험할 수 있는 동영상 서비스를 제공하기로 하고, 가상현실과 인공지능 분야의 적극 진출을 선언했어요.

카카오톡으로 유명한 카카오는 가상공간에 존재하는 사용자의 아바타에 얼굴 표정을 투영시키는 기술을 개발 중에 있어요. 서비스가 시작된다면 가상공간에서 자신의 아바타로 다른 사람과의 교류가 가능해지는 것이지요.

삼성은 가상현실 헤드셋 기어 VR을 개발하여 촬영기기인 기어 360과 연동되게 했어요. LG 또한 구글과의 협력을 통해 LG360 캠을 개발해 가상현실용 영상을 촬영할 수 있게 만들었어요. 하지만 이런 움직임도 업계 특성상 출시하자마자 구형 기술이 되어버릴 수 있어요. 빠르게 변하는 가상현실 생태계에 더 빠르게 적응하는 기업만이 추후 다가올 가상현실 사업을 선점할 것으로 예상되고 있어요.

360 카메라 제품들
(위로부터 삼성, LG, 노키아)

다시 현실세계로

달콤한 쿠키 맛에 빠져 있던 일행은 깜짝 놀라 벌떡 일어났어요. 입구 쪽을 보니 하트 여왕이 카드 병사들을 이끌고 위풍당당하게 걸어오고 있었어요.

여왕은 탁자 위의 음식들을 보고 눈살을 찌푸렸어요.

"아니, 저런 음식들을 누가 먹는 거지? 맛도 없어 보이는구먼!"

"제가 먹는데요. 왜요?"

나운이가 입을 쩝쩝거리며 천연덕스럽게 대답했어요. 그러자 하트 여왕의 얼굴이 붉으락푸르락했어요.

"아니, 감히 내게 말대꾸를 하다니? 여봐라, 저놈의 목을 당장 베라!"

나운이의 입이 쩍 벌어졌어요. 이상한 나라에 와서 목숨을 잃다니······. 그건 상상도 못 한 일이었어요. 카드 병사가 나운이 쪽으로 움직였어요. 그때 나연이가 앞으로 나와 두 팔을 벌리며 외쳤어요.

"내 동생을 건드리지 말아요!"

카드 병사들이 멈칫했어요.

"뭐 하느냐? 빨리 목을 베라니까!"

하트 여왕의 외침에 카드 병사들이 다시 달려들었어요. 그러자 모자 장수가 외쳤어요.

"모두 함께 막자!"

"막아요!"

앨리스와 요리사, 정원사, 공작부인, 심지어 어린 아들까지 카드 병사들에게 용감하게 달려들었어요.

그런데 이상한 일이 벌어졌어요. 사람들이 카드 병사를 건드리기만 해도 픽픽 쓰러졌어요. 순식간에 정원엔 카드 병사들이 탑처럼 쌓였어요.

"엥?!"

사람들의 눈이 휘둥그레졌어요. 나운이 앞에서 두 팔을 벌리고 있던 나연이도 슬쩍 팔을 내리며 카드 병사들에게 다가갔어요. 자세히 보니

보이던 그대로 카드 한 장으로 만든 허약한 병사들이었어요. 모자 장수가 카드 병사에게 다가가 발로 툭툭 건드려 봤어요. 그러자 힘없이 옆으로 밀려나갔어요.

"이거 그냥 종이로 만든 가짜 병사잖아? 지금까지 우리가 속은 거야?"

모자 장수가 중얼거렸어요. 자세히 다가가 확인한 앨리스는 고개를 돌려 하트 여왕을 보았어요. 여왕은 입을 떡 벌리고 경악한 얼굴로 서 있었어요.

"왜 그러셨어요?"

하트 여왕은 그 자리에 풀썩 주저앉았어요.

"나는 여왕의 자격이 없는 사람이야. 그래서 가짜 병사들을 만들어서 데리고 다닌 거야."

"여왕님이야말로 가상의 병사들을 데리고 다닌 거나 마찬가지네요."

앨리스의 혼잣말을 들은 모자 장수는 여왕에게 물었어요.

"그런데 혹시 아직도 제 목이 필요해서 오신 건가요?"

하트 여왕은 고개를 저었어요.

"정말로 목을 벤 사람은 단 한 명도 없어. 그냥 말로만 그랬던 거야."

"하긴 그러고 보니 여왕님한테 목이 잘린 자가 있다는 말은 못 들어 본 것 같네요. 그럼 여긴 왜 오신 거예요?"

"아차!"

하트 여왕이 자리에서 벌떡 일어났어요.

"내가 여왕으로 있는 이상한 나라인 이곳이 가상세계라고 누가 그랬다고 해서 말이야. 그게 사실인지 확인하러 왔어!"

그러자 나연이와 나운이는 서로 마주 보았어요. 앨리스는 이곳도 가상세계라고 말했어요. 하지만 이상한 나라에 사는 사람들은 이곳이 가상세

계라고 생각하지 않았어요.

　나연이는 앨리스에게 들은 것을 하트 여왕에게 말해야 하나 고민했어요. 앨리스도 말을 할까 말까 망설이는 눈치였어요. 바로 그때 공원에서 보았던 흰토끼가 나타났어요.

"바쁘다 바빠!"

　처음 본 그때처럼 흰토끼는 회중시계를 보며 달려가고 있었어요.

"언니, 저 토끼 따라가야 하는 거 아냐?"

　공원에서처럼 나운이가 나연이에게 말했어요.

나연이는 앨리스를 보았어요. 앨리스는 미소를 띠고는 고개를 끄덕이며 속삭였어요.

"이상한 나라의 앨리스를 잊지 말아 줘!"

"절대로 잊지 못할 거야!"

나연이는 고개를 끄덕였어요. 그리고 고개를 돌려 나운이에게 말했어요.

"흰토끼를 따라가자!"

자매는 앨리스에게 손을 흔들고 흰토끼가 달려가는 쪽으로 움직이기

시작했어요.

정원을 벗어나며 나연이는 고개를 돌려 다과회장에 모여 있는 사람들을 보았어요. 하트 여왕 주위에 모자 장수 등이 모여 있었어요. 가상세계와 현실세계에 대한 토론을 영원히 할 것 같았어요.

흰토끼가 덤불 속으로 들어가자 옆에 있던 큰 나무에서 낙엽이 우수수 떨어졌어요.

낙엽을 손으로 치우는 순간, 갑자기 땅이 푹 꺼졌어요. 추락하는 무서운 느낌에 나연이는 으아악! 하고 비명을 질렀어요.

"언니, 일어나!"

나연이는 두 팔을 휘두르다 자리에서 벌떡 일어났어요. 주위를 둘러보니 포켓몬을 잡던 공원 한편의 외딴 곳이었어요. 나운이가 막 일어난 나연이를 바라보며 눈을 비비고 있었어요.

"와, 정말 이상한 꿈을 꿨어!"

나연이가 말했어요. 그러자 나운이가 웃으며 말했어요.

"이상한 나라라는 가상현실에 다녀온 꿈?"

"응? 어떻게 알았어?"

"나도 같이 다녀왔잖아. 그러니까 알지."

"너도 같은 꿈을 꾼 거라고?"

그러자 나운이가 큰 소리로 웃었어요.

"꿈이 아니라 현실이었던 거 같은데……? 암튼 저녁 먹을 시간 됐으니까 빨리 집에 가자! 엄마가 맛있는 떡볶이 해 준다고 했어."

나운이는 집을 향해 뛰어가기 시작했어요. 나연이는 그 자리에 가만히 서 있었어요. 자신이 서 있는 이곳이 가상현실인지 진짜 현실인지 헷갈리기 시작한 거예요.

가상현실 기기의 원리

가상현실의 기본 원리는?

가상현실의 기본 원리는 '뇌를 속이는 것'이에요. 사람의 뇌는 눈에 보이는 것을 바탕으로 현실감을 느끼므로, 실제 상황이라고 착각할 만한 영상을 보여주면 두뇌는 실제로 몸이 그 영상 속에 있다고 느끼게 된답니다.

가상현실 기기가 영상을 구현하는 방식은?

가상현실 기기가 영상을 구현하는 방식은 3D(입체) TV와 비슷해요. 사람의 두 분은 가로로 평균 6.5cm 떨어져 있어, 두 눈은 물체를 보는 각도가 서로 달라요. 양 눈이 각도가 조금 다른 영상을 각각 인지하면, 뇌는 두 영상을 더해 입체로 느끼게 되죠. 3D TV는 영상을 보는 시선이 고정돼야 효과를 발휘해요. 시청자가 화면을 보는 동안만 3D 효과를 느낄 뿐, 고개를 다른 데로 돌리면 단번에 현실로 돌아와 버리죠. 이런 점을 보완하기 위해 사용하는 가상현실 기기가 머리에 뒤집어쓰는 형식인 헤드 마운트 디스플레이에요.

가상현실 HMD는 어떻게 입체를 보여줄까?

❶ 2대의 카메라로 촬영
❷ 움직임 측정 센서를 이용해 사용자의 움직임에 맞는 영상을 보여줌
❸ 뇌는 좌·우 양쪽 눈에서 2가지 영상정보가 들어오면 이를 조합해 입체로 인식

가상현실을 만드는 HMD란?

HMD는 '머리에 착용하는 화면 표시 장치'의 약자로 가속도 측정기와 중력 감지 장치 등 센서를 이용해 사람의 움직임에 맞춰 화면이 바뀌는 기능이 있어요. 영상이 시야에 가득 차게 보여 실제로 그 공간을 보는 듯한 착각을 안겨준답니다.

가상현실 장치는 어디에 쓸까?

실제로 하기에 위험이 큰 군사훈련

체험형 게임 등 엔터테인먼트

무인기(드론) 조종

사람이 입체를 보는 원리는?

사람이 두 눈으로 보는 영상은 각도에 따라 차이가 있어요. 왼쪽 눈과 오른쪽 눈을 번갈아 가려서 보면 각도 차이를 실감할 수 있죠.

거리가 멀면 양쪽 눈에 보이는 모습이 거의 똑같음: 평면적인 느낌
거리가 가까우면 양쪽 눈에 보이는 모습이 많이 다름: 입체적인 느낌

가상현실 기기를 쓰고 고개를 돌리면 눈앞에 한 장면의 전경이 펼쳐져 마치 자신이 그 장소에 있는 것 같은 느낌을 받을 수 있어요. 미리 파노라마 형태로 사진을 찍어 촬영해 두고 사용자의 움직임을 파악해 적절한 이미지를 보여준답니다.

실물

카메라A(오른눈 역할)

사람 눈 간격을 감안해 조절

카메라B(왼눈 역할)

A정보

B정보

HMD 기기 안쪽 세로 벽으로 양쪽 눈 시야를 완전 분리

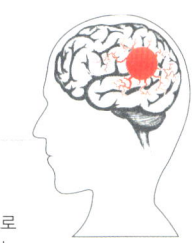

 급속도로 성장하는 가상현실, 어떻게 활용해야 할까?

인터넷이 처음 등장했을 때 사람들은 환호하면서도 한편으로는 두려움을 감추지 못했어요. 처음으로 경험한 가상공간이라 어떤 일이 벌어질지 아무도 예측할 수 없었거든요. 하지만 곧 긍정적인 측면이 더 부각되었어요. 수많은 정보를 얻을 수 있고 사람들과 더 많은 소통을 할 수 있는 가상의 신세계가 인터넷 안에 있었기 때문이에요. 또 실제 상품을 보지 않고도 세계 곳곳의 물건을 직접 골라 쇼핑할 수 있는 쇼핑 공간도 있었어요.

한편으론 인터넷의 중독성을 우려하는 사람들도 있었어요. 실제로 온종일 방 안에 틀어박혀 인터넷 서핑과 온라인 게임만 하는 인터넷 폐인들이 생겨났죠.

인터넷에 중독된 일부 사람들과 달리 인터넷이라는 가상공간을 기회의 땅으로 만든 사람들도 있었어요. 그들은 사람들이 쉽게 정보를 얻을 수 있는 포털사이트를 만들고, 책을 주문할 수 있는 인터넷 서점을 만들고, 사람들끼리 거래할 수 있는 이베이나 옥션 같은 사이트를 만들어 많은 돈과 명예를 얻었어요. 이처럼 인터넷을 기회로 여기며 참신한 아이디어로 사업을 시작하여 성공한 사례는 얼마든지 있어요.

다음엔 스마트폰이라는 신세계가 등장했어요. 스마트폰 역시 폰이 없으면 불안해하는 중독자들을 양산했어요. 반면 누구나 아이디어와 기술에 대한 이해만 있으면 스마트폰에서 사용할 수 있는 앱을 개발하여 유통할 수 있는 기회도 생겼어요. 개인이 간단한 게임을 만들고, 일상생활에서 많이 쓰이는 앱을 만들어 직

접 판매하거나 배포할 수 있게 된 거예요. 엄청난 가치를 지닌 페이스북이나 트위터 등도 스마트폰이 있었기에 가능한 사업이었지요.

이제는 가상현실이 미래의 선두주자로 우뚝 섰어요. 페이스북의 설립자이자 CEO인 마크 주커버그는 가상현실이 조만간 새로운 비즈니스를 펼칠 수 있는 공간이 될 거라고 예측했어요. 가상현실 또한 인터넷 및 스마트폰과 비슷한 길을 걷게 될 것이라는 거죠.

가상현실은 사용하기에 따라 폐인이 될 수도 있고, 단순히 사용만 하는 유저가 될 수도 있으며, 이를 새로운 기회의 땅으로 삼을 수도 있어요. 어떤 길을 택하는 것이 바람직할까요? 부모님, 친구들과 의견을 나누어 보세요.

 다음 중에서 가상현실을 올바르게 체험하는 행동을 골라 보세요.

❶ 어지럼증과 멀미가 나도 게임을 중단하지 않고 끝까지 진행한다.

❷ 가상현실을 실제 세계라고 생각하며 빠져든다.

❸ 가상현실을 통해 배우고 싶었던 분야의 교육을 받는다.

정답 ❸

가상현실과 증강현실 관련 사이트

● **정보통신산업진흥원(NIPA) 실감미디어 교육센터** https://uhd3d.nipa.kr

미래창조과학부 산하 정보통신산업진흥원에서 운영하는 연수센터로, 차세대 미디어의 국가 경쟁력 향상을 위해 UHD, 3D, VR 가상현실 제작 기술교육과 창작 역량을 갖춘 '맞춤형 전문 인력'을 육성하는 센터입니다. 가상현실(VR) 콘텐츠 제작 교육 등을 실시하고 있어요.

● **한국전파진흥협회(RAPA)** http://www.rapa.or.kr

전파산업 진흥이라는 설립 목적을 달성하기 위해 전파국제회의 개최 지원 및 전파방송 관련 조사연구를 진행하는 협회입니다. 인재 양성 참여 대학 및 기업 모집, 가상현실(VR) 콘텐츠 제작 교육 등을 실시하고 있어요.

● **차세대융합콘텐츠산업협회(NCIA)**
http://edu.ncia.kr/ncia/aducation.schedule.php

국내 융합콘텐츠산업을 발전시키기 위해 콘텐츠 제작 기술 지원 및 인력 양성, 해외 경쟁력 강화 사업을 통한 수출 지원을 하는 곳이에요. 교육센터를 설립해 무상으로 재직자 직무능력 향상을 위한 단기교육 및 취업 지원을 위한 장기교육을 진행하고 있어요.

● **한국콘텐츠아카데미(KOCCA)** https://edu.kocca.kr

콘텐츠 산업 현장에서 필요로 하는 융합형 인재를 양성하기 위해 노력하는 곳으로, 가상현실 게임 개발 등의 정규과정을 운영하고 있어요.

어려운 용어를 파헤치자!

● 가상현실 VR

사용자에게 실제 같은 영상, 음향 및 기타 감각 정보를 제공함으로써 가상세계 안에서 시간적, 공간적으로 존재하는 것처럼 느끼게 해 주는 시뮬레이션 기술이에요. 현실세계에 대한 정보는 없고, 가상으로 만들어진 세계만을 사용자가 경험하게 되죠.

● 증강현실 AR

눈앞에 보이는 현실세계의 영상에 컴퓨터에 의해 만들어진 가상 그래픽, 소리 및 기타 정보를 사용자의 자세나 위치에 따라 추가하여 함께 제공하는 기술을 의미해요. 현실세계를 가상세계로 보완해 주는 개념으로, 컴퓨터 그래픽으로 만들어진 가상정보를 사용하지만 현실세계가 중심이에요.

● 플랫폼 platform

본래는 기차를 타고 내리는 승강장이라는 공간을 플랫폼이라고 합니다. 하지만 그 의미가 특정 장치나 시스템 등을 구성하는 기초가 되는 틀을 지칭하는 용어로 확대되었어요. 승강장은 교통수단과 승객이 만나는 공간이기에 사람들이 많이 몰리는 곳입니다. 따라서 상업적인 시설도 발달하고 많은 거래가 발생해요. 그래서 현대적인 의미의 플랫폼이란 개념은 공급자와 수요자가 만날 수 있도록 만들어진 포괄적인 환경을 뜻해요.

● 유저 user

컴퓨터 사용자를 말해요.

● 콘텐츠 Contents

콘텐츠는 문화적인 소재가 가공되어 특정한 매체로 변화된 결과물을 말해요. 우리 일상에 있는 모든 것이 문화적인 소재가 될 수 있어요. 그것을 상상력과 창의력을 발휘하여 특정 매체로 바꾸어 표현하는 것을 콘텐츠라고 해요. 콘텐츠에는 영화 콘텐츠, 게임 콘텐츠, 가상현실 콘텐츠 등이 있습니다.

● 헤드업 디스플레이 Head up Display

운전자가 볼 수 있는 영역 내에 가상 화상(virtual image)을 투영하는 것을 말해요.

● 터치 인터페이스 Touch Interface

인터페이스는 사물의 경계가 되는 부분과 그 경계에서의 통신 및 접속이 가능하도록 하는 매개체예요. 터치 인터페이스는 이런 인터페이스를 손가락을 사용하여 조작하는 것을 의미하죠.

● 조이스틱 joystick

비디오 게임에서 사용하는 장치로, 물체나 캐릭터의 움직임을 지시하고 여러 가지 명령을 전송해요.

신나는 토론을 위한 맞춤 가이드

가상현실·증강현실에 대한 이야기를 재미있게 읽었나요? 가상현실·증강현실에 관한 한 박사가 다 되었다고요? 그 전에 마지막 단계인 토론을 잊지 마세요. 토론을 잘하려면 올바른 지식과 다양한 정보가 바탕이 되어야 해요. 책을 다 읽고 친구 또는 부모님과 함께 신나게 토론해 봐요!

잠깐! 토론과 토의는 뭐가 다르지?

토론과 토의는 모두 어떤 문제를 해결하기 위해 의견을 나누는 일입니다. 하지만 주제와 형식이 조금씩 달라요. 토의는 여러 사람의 다양한 의견을 한데 모아 협동하는 일이, 토론은 논리적인 근거로 상대방을 설득하는 일이 중요합니다. 토의는 누군가를 설득하거나 이겨야 하는 것이 아니기 때문에 서로 협력해서 생각의 폭을 넓히고 좋은 결정을 내릴 때 필요해요. 반면 토론은 한 문제를 놓고 찬성과 반대로 나뉘어 서로 대립하는 과정을 거치지요.

넓은 의미에서 토론은 토의까지 포함하는 경우가 많습니다. 토론과 토의 모두 논리적으로 생각 체계를 세우고, 사고력과 창의성을 높이는 데 도움을 준답니다.

토론의 올바른 자세

말하는 사람
1. 자신의 말이 잘 전달되도록 또박또박 말해요.
2. 바닥이나 책상을 보지 말고 앞을 보고 말해요.
3. 상대방이 자신의 주장과 달라도 존중해 주어요.
4. 주어진 시간에만 말을 해요.
5. 할 말을 미리 간단히 적어 두면 좋아요.

듣는 사람
1. 상대방에게 집중하면서 어떤 말을 하는지 열심히 들어요.
2. 비스듬히 앉지 말고 단정한 자세를 해요.
3. 상대방이 말하는 중간에 끼어들지 않아요.
4. 다른 사람과 떠들거나 딴짓을 하지 않아요.
5. 상대방의 말을 적으며 자기 생각과 비교해 봐요.

| 체계적으로 생각하기 |

가상현실이 인간에게 미치는 영향은?

다음은 가상현실이 인간에게 미치는 영향을 나타낸 것입니다.
빈칸에 들어갈 내용을 채워 보세요.

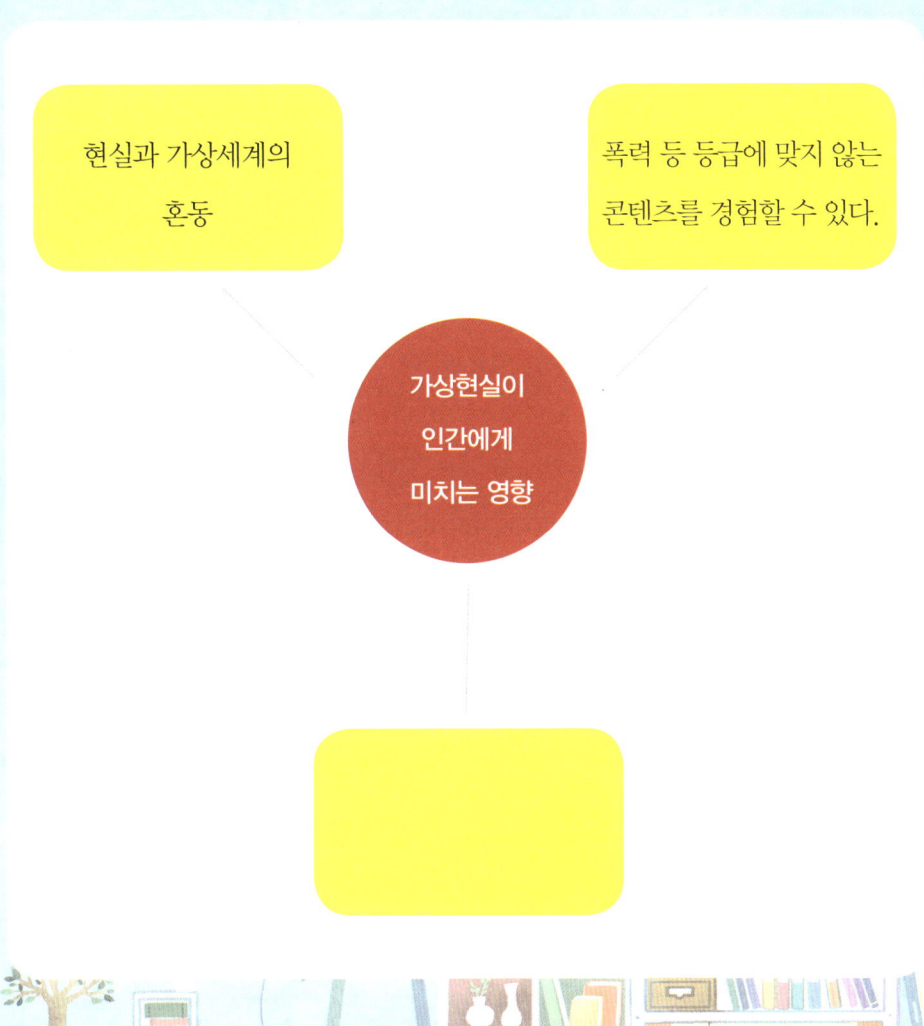

| 논리적으로 말하기 1 |

부작용 때문에 '포켓몬 고' 게임을 규제해야 할까?

모바일 게임 포켓몬 고는 출시되자마자 엄청난 화제를 몰고 왔어요. 게임이 출시된 나라의 길거리에선 스마트폰을 보면서 포켓몬 고 게임을 하는 사람들을 어디에서나 쉽게 볼 수 있었어요. 하지만 여러 부작용이 속출했지요. 다음 기사(D일보)를 읽고 포켓몬 고 열풍의 이유와 부작용에 대해 의견을 나눠 봅시다.

모바일 게임 하나에 세상이 바뀌고 있다. 현지 시각 기준 지난 7월 6일 호주, 뉴질랜드, 미국에서 증강현실을 활용한 롤플레잉 모바일 게임 '포켓몬 고'가 출시된 이후 풍경은 난리가 났다고 표현할 수 있을 정도다. 또한, 독일, 영국 등 출시 지역이 늘어나면서 비슷한 현상이 벌어지기 시작했다. 포켓몬스터 시리즈는 전국을 돌아다니며 야생의 포켓몬스터를 수집 및 육성하고, 여러 사람과 교류해 특정 지역에 도전하는 것이 주요 특징이다. 이러한 IP가 GPS 및 AR와 만나 시너지 효과를 일으키고, 현실에서 실제 게임 세계에 있는 듯한 느낌을 제공해 게임과 현실의 경계가 무너졌다는 평가까지 나왔다.

국내 역시 포켓몬 고 열풍에 휘말렸다. 관광 산업 비중이 상당한 지방 자치 단체들이 '포켓몬 고'로 촉발된 관광객 유치 경쟁에 열을 올리기 시작했다. 하지만 '포켓몬 고' 열기에 찬물을 끼얹는 각종 부작용 사례가 속출해 게이머들의 주의가 필요해졌다. 게이머들이 숙지해야 할 주의사항에 대해 안내가 부족하다는 지적도 제기된다. 특히, 플레이 중 주위를 살피기 어려운 포켓몬 고 플레이 방식으로 인해 전 세계에서 사고가 끊이지 않고 있다. 미국 캘리포니아 주 샌디에이고에선 포켓몬 고 플레이 중 절벽에서 추락해 병원으로 이송되는 사례마저 보도됐다. 또한, 인적이 없는 사유지의 무단 침입 같은 경범죄부터 특정 정보로 게이머를 유인해 강도 행각을 일삼는 중범죄까지 여러 범죄의 매개체로 지목된 상태다.

이러한 문제들이 끊이지 않자 게이머들을 보호할 수 있는 대응 방안이 주목을 받고 있다. 뉴질랜드 정부는 사고 보상 공사(ACC) 제도를 통해 게이머들이 안전에 유의해 줄 것을 당부했고, 미국 샌프란시스코 시경찰국도 전방 주시, 상해 금지, 안전이 보장된 야외 활동 등을 주요 골자로 한 포켓몬 고 안전 지침을 배포했다. 이 밖에 IT 보안 업계에선 포켓몬 고 설치 파일을 비공식 과정으로 다운로드하면 악성코드에 감염될 위험성이 높다며 경고했다.

게임업계의 한 관계자는 "포켓몬 고처럼 GPS 및 AR 기반으로 즐길 수 있는 게임이 전 세계에 흥행한 사례를 찾아보기 힘들다. 이로 인해 진풍경과 부작용 사례가 동시다발적으로 속출하고 있다"라며, "뜨거운 열기 속에서도 안전을 먼저 생각하는 자세가 필요하다"라고 말했다.

1. 포켓몬 고가 전 세계적으로 인기를 끌게 된 이유는 무엇일까요?

2. 포켓몬 고의 부작용으로는 어떤 것이 있을까요?

3. 포켓몬 고의 부작용 때문에 포켓몬 고 게임을 규제해야 하는지 토론해 봅시다.

게임을 규제해야 한다.　　**VS**　　게임을 규제하지 말아야 한다.

| 논리적으로 말하기 2 |

가상현실이 범죄에 악용된다면?

가상현실 속에서 게임 상대끼리 지나친 폭력을 행사하거나 성추행 등의 범죄를 저지를 수도 있어요. 하지만 개인적인 공간에서의 일이고, 실제 현실이 아니기 때문에 법적인 제재를 받지 않는 경우가 많아요. 아래 기사(S일보)를 읽은 뒤, 가상현실 속에서 부딪히게 될 윤리적·법적 문제에 대해 의견을 나눠 봅시다.

18일 미국 내에서 큰 영향력이 있는 사회과학연구소 '브루킹스(BROOKINGS) 연구소'에 따르면 가상현실은 게임뿐만 아니라 공연 등 다양한 분야에서 여러 가지 윤리적인 문제점을 노출하고 있다. 아무리 인간 상상 속의 가상현실이라고 하더라도 도가 지나칠 경우 심각한 윤리적인 문제를 도출할 수 있다. 소설 '프랑켄슈타인'에서처럼 기술을 잘못 사용할 경우 인류의 삶의 가치를 해치는 결과를 가져온다.

대럴 웨스트 부소장은 "어떤 개인이 아무도 모르는 곳에서 비윤리적인 가상현실에 빠져 있다고 하더라도 그의 그릇된 행위가 다른 사람을 위험 상황으로 몰아넣을 수 있다"고 말했다. '게임(game)'이란 명목하에 또 다른 부작용이 발생할 수 있다고 경고했다. 전쟁 상황을 더 생생하게 체험할 경우 '람보(Rambo)'와 같은 또 다른 전쟁 피해자가 등장하고, 사회에 적응하지 못하는 상황에서 사회적 물의를 일으킬 가능성이 있다고 지적했다.

윤리적인 문제를 해결하기 위해 가상현실에 대한 기준이 있어야 한다. 무엇보다 먼저 공상과 현실의 세계를 엄격히 구분할 필요가 있다. 이 경계선을 터놓을 경우 가상현실이 사회적으로 악영향을 미칠 가능성이 매우 크다는 것.

현재 미국에서는 가상현실 제품을 만드는 기업들과 이를 감독하는 정부 간에 가상현실의 허용을 놓고 끊임없는 줄다리기가 계속되고 있다. 가능한 더 많은 소프트웨어를 공급하려는 기업들과 윤리 문제를 우려하는 정부 간에 논쟁이 이어지고 있다. 정부 측에서 걱정하고 있는 것은 아동처럼 어린 연령층에 악영향을 미칠 수 있다는 가능성 때문이다. 그러나 일부 산업현장에서는 가상현실이 매우 유용하게 활용되고 있는 등 긍정적인 면 또한 적지 않은 상황이다. 가상현실 신제품이 속속 출현하면서 윤리 논쟁 역시 더 가열되고 있는 양상이다. 정부와 기업 간의 이 논쟁이 어떤 매듭을 지을지 개발자들은 물론 정부·교육·영화 등의 관계자들 사이에 초미의 관심사가 되고 있다.

1. 가상현실은 어떤 문제점을 가지고 있나요? 본문 및 기사에서 찾아 적어 봅시다.

2. 가상 현실 콘텐츠를 허용해야 할까요? 아니면 정부가 규제해야 할까요? 자신의 의견을 논리적으로 펼쳐 봅시다.

허용해야 한다. **VS** 법적·윤리적인 콘텐츠는 허용하면 안 된다.

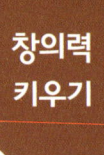

창의력 키우기

가상현실로 무엇을 체험해 볼까?

1. 가상현실로 체험하고 싶은 콘텐츠가 있다면 적어 보세요.

2. 가상현실로 인해 앞으로 바뀔 수 있는 세상을 상상해서 적어 보세요.

예시답안

- **가상현실이 인간에게 미치는 영향은?**
  시력 저하, 어지럼증과 멀미를 동반한 구토 유발

- **부작용 때문에 '포켓몬 고' 게임을 규제해야 할까?**
  1. 익숙한 인기 콘텐츠를 기반으로 증강현실이라는 신기술을 결합해 새로운 것을 갈망하는 구매자의 구미를 충족시켰다.
  2. '포켓몬 고'를 즐기다 교통사고가 나거나 사망하는 사고가 많이 발생하고 있다. 증강현실 기반 GPS 기능을 활용해 여러 지역을 이동하는 게임의 특성상 이동 중에 깜짝 등장하는 포켓몬을 수집하려다 교통 및 안전사고는 물론 각종 범죄에 노출되기도 한다.
  3. 게임을 규제해야 한다. 치명적인 부작용이 있으므로 게임을 규제해야 한다. 포켓몬이 출몰하는 곳에 안전장치와 규제가 강화되어야 한다. 또한 게이머들이 숙지해야 할 주의사항에 대한 안내가 필요하다.
  게임을 규제하지 말아야 한다. 무조건 게임을 규제하는 것은 도리어 사용자의 자율성을 침해하고 게임 욕구를 더욱 부추길 수 있다. 따라서 무조건 게임을 규제하기보다는 사용자가 스스로 절제하고 판단해서 즐기도록 해야 한다.

- **가상현실이 범죄에 악용된다면?**
  1. 가상현실은 게임 상대에게 성추행 또는 지나친 폭력을 행사하는 등 각종 범죄에 노출될 우려가 있다. 또한 아동처럼 어린 연령층에 악영향을 미칠 수 있으며 가상현실 폐인과 같은 사회 부적응자를 양산해 심각한 윤리적인 문제를 도출할 수 있다.
  2. 허용해야 한다. 가상현실 콘텐츠를 규제하면 자칫 콘텐츠 개발을 위축시키고, 사용자의 선택의 자유를 침해할 수 있다. 사용자가 스스로 판단할 수 있도록 해야 하며 정부의 규제가 개입되어서는 안 된다.
  법적·윤리적인 콘텐츠는 허용하면 안 된다. 아무리 상상 속 가상현실이라 하더라도 도가 지나칠 경우 심각한 윤리적·법적인 문제가 생길 수 있으므로 정부가 이를 적절히 규제해야 한다. 아무리 개인적인 공간이라도 윤리적·법적인 허용 범위를 넘어서는 콘텐츠가 나온다면 사회에 악영향을 끼칠 수 있기 때문이다.